改訂版

魅力的な組織を創るリーダーのための「自律」と「モチベーション」の教科書

~大手企業がこぞって導入する新しい人材育成メソッド~

本書は2008年8月20日に出版された同書を改訂版として刊行するものです。

はじめに

2001年8月に私は㈱レアリゼを設立した。この数年の間、企業を取り巻く環境は驚くほど変わった。設立した頃、私が「人と組織と社会を幸せにする」という企業理念を人に説明した時、相手の顔には「何、きれい事の理想ばっかり言ってるんだ、この人は。こんな甘い考えでは、この人は成功しないな」と書いてあった。

そして、始まったITベンチャーブーム。私の周辺にもキャピタル・ゲインを目指してIPOする会社が続出した。時価総額を大きくすることが正しいことだという考えもでてきた。

私は、急激に成長する友人・知人の会社を横目で見ながら、何か違和感を感じていた。もちろん、羨ましい気持ちも多少はあった。しかし、私とは会社を創った目的が違うんだなと感じていた。

その頃、今は当たり前の「コンプライアンス」「CSR」「ワークライフ・バランス」など誰も叫んでなかった。また逆に、パワハラや長時間労働も今のように大きな問題にはならなかった。ほんの数年なのに、全く変わってしまった。

当時、多くの話題を振りまいた注目企業のいくつもが経営を行き詰まらせ、路線変更を迫られている。買収されたり、廃業に追い込まれているケースさえある。

マスコミの脚光を浴び、輝いていたカリスマ経営者の幾人もが挫折をした。地位を追われたり、逮捕される人まで出た。

「人と組織と社会を幸せにする」という理念は、何も理想を説いただけの道徳論ではない。「人」と「組織」と「社会」は相互につながっており、影響を及ぼし合っている。

「人」を犠牲にした「組織」と「社会」の成長は、短期的には可能だが、長続きはしない。

「組織」の観点を無視した「組織」「人」の成長や幸せは現実的でない。

「社会」に迷惑をかけながら「組織」が成長することは短期的には可能だが、必ずしっぺ返しが来る。長続きはしない。

こういったことを多くの企業や経営者が証明してくれている。

また「組織」の観点を無視して、「社会」を良くすることは現実的ではない。

つまり、部分だけを良くすることは逆に難しい。「人」と「組織」と「社会」の全体を良くする方法を実践することの方が、中長期的にみれば、現実的なのだ。

今では、私のこういった考えもある程度、受け入れられるようになったが、それは不幸な現実が溢れているからであり、あまり喜べることではない。

企業はゴーイング・コンサーンであり、今期だけでなく、将来も儲ける必要がある。継続して繁栄するには、健全な成長が必要である。

健全に成長している企業は「人」も「社会」も幸せにしながら、発展しているはずである。そんな「魅力的な組織」を創ることを支援したい。そんな思いで私は、日々コンサルティングを行っている。本書では、「自律」と「モチベーション」という切り口で「魅力的な組織」の創り方を整理してみた。

この本を手にとった方に、「魅力的な組織創り」の一助にして頂ければ、著者として本望である。

また、この本の構想は私が学んできた様々な心理学をベースにしているが、あくまで一般のビジネスパーソンを対象にしており、心理学の専門書ではない。心理学を伝えることが目的ではなく、あくまでビジネスの問題解決を目的としており、そのための手段として心理学を使っている。

一般のビジネスパーソンに分かり易くするために、正式な心理学とは、敢えて違う表現や、私なりの独自の解釈を加えている。つまり「意訳」していることを、ご承知おき頂きたい。

目次

第2章 なぜ、OSのバージョンアップが必要なのか

第3章 自律型人材を創る 自律型モチベーションの仕組み

第4章 人と組織を自律させる方法

（1）職場で社員の欲求を満たす

第5章 企業事例

おわりに

第1章

今、企業には「自律」が足りない!?

先日、あるメガバンクA行の頭取にお会いした。

お手伝いしているお客様への報告会である。頭取いわく、「今、銀行では新人をいかにして辞めさせないかが重要なテーマになっている」。どの銀行も、1000～2000名を超える新人を採用している時代である。大変な費用と労力をかけて採用した新人を簡単に辞めさせるわけにはいかないのだ。

「最近の新人たちは、極めて環境への対応力が弱く、何かシンドイことがあるとすぐ辞めてしまう。昔は家庭や学校で学んで社会に入ってきたものだが、今では企業が面倒をみないといけない。とくに、今の新人は自律していない。甘やかされて依存体質のまま社会に出てしまっている。当行は改革の真っ最中であり、従来の発想に捉われない銀行を目指しているのに、本来一番、柔軟な頭を持っているはずの新人が依存体質では、話にならない。早急に新人を始めとした若手を自律型人材へと脱皮させないといけない」

頭取は真剣な顔で語ってくださった。

また、ある大手証券会社B社では、新人を2年目になるまでに自律させる計画を立てているという。

しかし、社員が「自律していない」「依存体質が抜けない」というのは何も新人に限った話ではない。

私は社員教育や組織の問題解決の相談でさまざまな企業に伺うが、「社員が自律していない」「依存型の社員が多い」という悩みが多い。

まったく同じ表現ではなくても、結局悩みの原因はここにある、という話を合わせれば、驚くほどの数になる。面白いことに、この手の話は表現は違えど、企業規模の大小や業種を問わない。

今、大手企業が抱えている悩み

しかし不思議なことは、もともと最も優秀な人材が集まっているはずの日本を代表する大企業の多くで「ウチの社員はどうも、依存体質で困る」という話をよく聞くことである。

先ほども出た金融機関もまさにその典型だろう。金融機関は日本の民間企業でもとくに優秀な人が集まってきた業界であるが、依存体質の社員は多いと聞く。言われたことは誠実に実行するが、それ以外のことはしない。下手なことをして失敗するよりも、言われたことだけしていた方が安全だからである。

だが、言われたことだけをしていればストレスはたまる。結果として仕事へのモチベーションは下がる。

そしてモチベーションが下がったのは、会社や上司のせいであり、自分は被害者だと感じてしまう。自分から事を起して状況を変えようとはしない。こういう人は結構多い。

護送船団方式でやってこれた時代は、それでも良かったが、国際競争の中で、そんな悠長なことは言ってられないだろう。

そして、日本を代表する営業力の強い大手Ｃ社でも、同様な悩みを抱えている。

彼らは猛烈な社風で知られており、強い個人が切磋琢磨して高い業績を誇ってきた会社である。

ところが、ここに来て苦戦を強いられているらしい。理由を聞いてみると、それは社員が自律してないからだという。ツワモノ営業マンの集団でそんな話を聞くとは意外であったが、人事担当者いわく、「確かにウチの連中は根性もあるし、モチベーションも高い。しかし、まったく『自律』はしていない。決められたことは懸命にこなすし、ある程度の成果も上げるが、『決められたこと』だけだ。それ以外の仕事を自分で見つけ出し取り組むことは、まったくできていない。完全な指示待ち人間の集団なんだ」。

日本を代表するこのツワモノの会社にそんな悩みがあるとは驚いた。

実は、日本中の大手企業で同じような悩みが叫ばれているのだ。

今まではそのような取り組みで特段、問題がなかったのに、今これだけ「自律が足りない」「依存している」と言われるのは、商売のやり方の変更を余儀なくされているからだ。

自律など必要なかったビジネス環境

経済が右肩上がりの時代のビジネスモデルは単純だ。マーケット自体が拡大しているビジネス局面は、わかりやすく言えば「作れば売れる」時代。業界内の企業が横ならびで儲かる幸せな時代である。

「どうすれば儲かるか」というビジネスとしての「正解」がわかっているわけだから、企業間競争のポイントは「効率」にある。そのため、効率が上がる組織形態が求められた。各企業は、いわゆるピラミッド型に組織を構成し、その中で効率を競った。

正解がわかっている以上、上からの命令は絶対であり、その命令をいかにスムーズに、そして徹底して実行させるかがマネジメント上の命題になる。

正しいことをやらせるのだから、マネジメントスタイルは一方的な指示・命令や管理が主体となり、正しい行動を徹底して「やりきらせる」ことに重点が置かれていた。これが成果を生んだ。上の命令は絶対の体育会系のノリのC社もまさにその典型で、この局面では抜群の強さを発揮しており、他を寄せ付けなかった。

従業員の立場で考えると、上から正解が指示・命令によって降りてくるというのは、悪

図①　右肩上がりのビジネス環境での組織のあり方

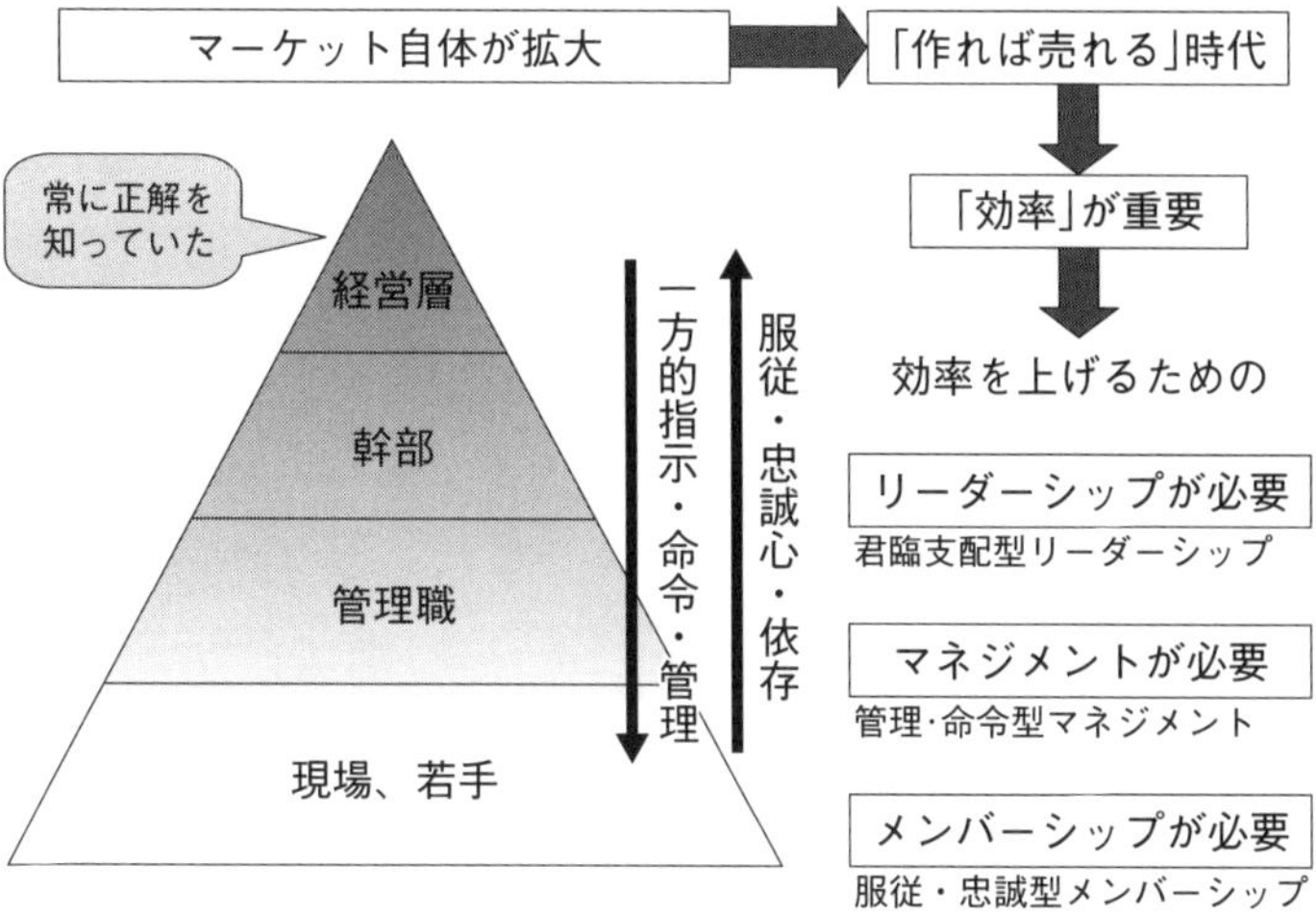

い話ではない。もちろん、人の指示命令に従うだけというのは、そんなに楽しいものではないが、責任がなくて済むから楽だ。指示通りやって失敗したなら、指示した人に責任があると考えるのは極めて自然な流れである。

また、自分の頭で考えるというのは、非常にエネルギーが必要な作業だが、人の指示に従うだけなら、頭を使わなくて済む。そして何より、言われたこと、やるべきことをきちんとやりさえすれば、右肩上がりの経済環境下では成果はきちんと出る。マーケット自体が拡大しているので、結果が出ればポスト・報酬で報われる。

「頑張れば報われる」

そういう幸せな環境の中では、ことさら自律云々ということは重要なテーマとはなり得ない。言われた通りでも、真面目に熱心に取り組めば結果が出るのだから、それは当然のことであろう。

むしろ、状況に流されず、自分で考え自分の意見を発信することは、自律というより和を乱す存在と認識された。その結果、組織の中では冷や飯を食うことになり、損をすることになる。こういう経験を一度でもすれば、誰も「自分で考え行動する」ことなどしない。

ところで、このような右肩上がりの環境とは、何も高度経済成長のような過去の一時代だけを指しているのではない。新しい技術の登場や社会的変化によって、一時的だがそういったビジネス環境が存在し得る。しかし、あくまで一時的であって、その時期が過ぎると環境は激変する。この潮目の変化に気づかずに墓穴を掘る企業は案外多い。

自律がないとやっていけないビジネス環境

残念ながら、現在の成熟した社会では状況がまるっきり違う。「作れば売れる」というような単純なビジネスモデルはどこにも存在しない。景気が回復しても、まったく違う環境である。

同じ業界にいても、あるいは同じような製品を作っていても、勝ち組と負け組がはっきりと分かれてしまう。現在はそういうきびしい時代だ。

何故なら、ひと昔前の日本企業のビジネスは「不足」から「足る」、「不便」から「便利」にするという単純なものだった。水道理論のように、数多く、早く提供することが重要であり、そこに顧客の個別性はあまり関係なかった。だから、プロダクトアウトの観点が通用した。

しかし、モノが有り余る今の成熟した時代は違う。もはや不足で困るものはない。不便を感じるようなものもあまりない。こんな生活環境の中では、顧客の要望は複雑で個別性に富み、高度化する。しかも、凄まじいスピードで変化する。常に変化を続けているとも言える。このような環境下での企業間の競争のポイントは効率ではなく、いかに「正解を発見」するかにある。そのため、正解を発見しやすい組織形態やマネジメントが求められる。

「正解はどこにあるか」と言えばマーケット、つまり顧客の中にある。顧客は以前に比べて、どんどん見えづらく、満足してもらうことが難しくなっている。不足や不便を解決する作業ではなく、むしろ余っていたり、至れり尽くせりの中でさらに満足をしてもらう作業だからである。

現在のビジネスでは、顧客の個別性に応えるマーケットインの観点が不可欠になる。そうすると、顧客接点が今までにも増して重要になってくる。

顧客接点にいるのは、経営幹部や管理職ではなく、若手社員や現場などの従業員である。もし、彼らの自律性が乏しく、言われたことしかしないのでは、高度化した顧客の要望にはとても応えられないし、環境の変化を察知することもできない。変化に気づいても情報を伝えないかもしれない。

正しい情報がないのに正しい意思決定ができるリーダーはいないので、こんな組織は早晩、うまくいかなくなる。

ところが、少し前まで一方的な指示命令だけで動いていた人間に急に「自律しろ」と言われても難しい。

図②　成熟したビジネス環境での組織のあり方

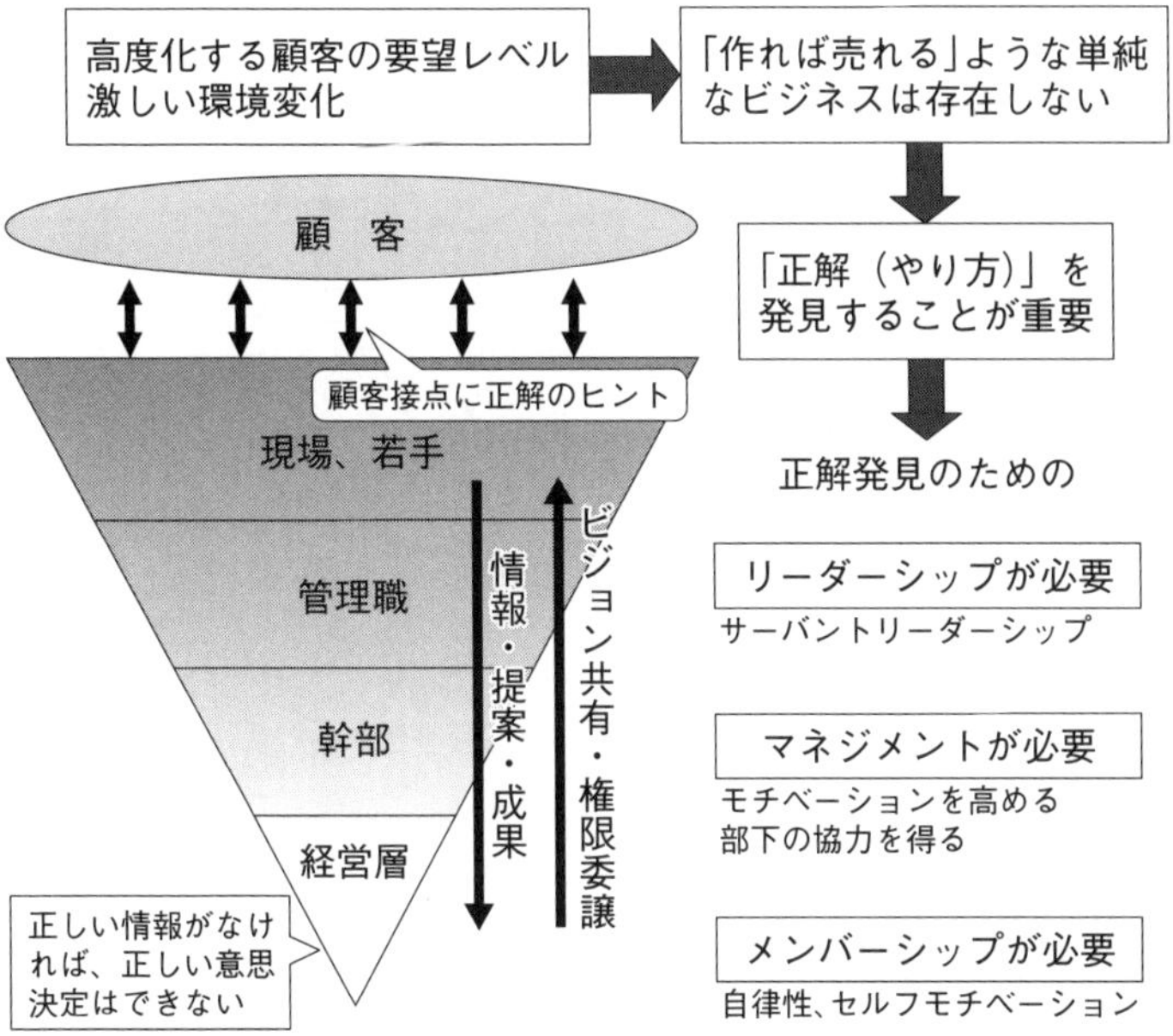

また、指示する管理職も指示・命令と管理のマネジメントしか学んでこなかったため、時代が変わってもひと昔前のマネジメントやリーダーシップスタイルを未だに引きずっている。

これは、航空戦に竹槍で立ち向かうようなものだ。そして、その滑稽な自分の姿に気づいていない経営者や管理者も決して少なくない。仮に、このことに気づいていても、どうやって部下を自律させたらいいのかわからないのだ。

ある一部上場企業からの恐ろしい依頼

だが、自律しないで困っているのは社員だけではない。

最近、ある一部上場企業から驚くべき相談を受けた。

「役員が自律できていない。受身体質で困っている。だから、中期経営計画を作っても、それを自分のこととして捉えられない。他人事となっているから情熱が生まれず、結果として実行されない。彼らが、もっと主体性を持って行動する、実のある中期経営計画を立てさせたい」

一般社員ならともかく一部上場企業の役員が、この状態である。大手企業での自律不足は、ことほど左様に根深いものがある。

同族企業が迎えた危機

しかし、大企業以上に深刻なのが、中堅企業、とりわけ同族企業かもしれない。

D社は中堅企業ながらも、創業者である会長の強いリーダーシップの下、高収益な経営で発展を続けてきた。しかし、会長は深い悩みの中にあった。

実は、長年にわたりこの会社を支えてきた主力商品を取り巻くビジネス環境が急変しつつあった。外から見れば業績も良く、今後も安泰に見えるが、技術革新のあおりを受け、おそらく5年以内には状況は激変すると会長は見ているのだ。

この状況に対応するには、今後2～3年の間で会社は生まれ変わらなければならない。だが、会長は既に60代半ばであり、世代交代の時期である。本来、後を継がせたい長男は、まだ20代半ばと若く、すぐに後継者にするには無理があるので、現在の社長にこの変革を任せるしかない。自分の健康問題もあり、早急にバトンタッチをしたいところだが、そう簡単にはいかない。不安で仕方ないのである。

社長も含めて、今の幹部および社員は、自分の命令を忠実に実行できる集団である。しかし、自分の命令がなければ動けない集団でもあった。つまり、まったく自律できていない依存集団なのだ。

会長は数年前からこの傾向に危機感を覚え、「自分で考えてやれ」「任せたから自由にやれ」と口を酸っぱくして言ってきているという。でも、うまくいかないらしい。

一方、社長に話を聞いてみると、会長は社長が決めた方針も、必ず口を出してくるらしい。判断が甘く間違った方向に行きかねないかと心配なのだ。「『任せたから自由にやれ』と言いながら、実際は権限を手放さないんです。会長が変わらないと何もできないんです」。

私たちと打ち合せしたときも、会長は「進め方は社長と相談して決めてください。今後は私に頼らずに社長が自分の意思で改革をしていく立場なんですから」と言いながら、途中からは社長を目の前にして、「いやー、一番変わらないといけないのは社長ですよ。社長がもっと自分の意思を持って主体的にやっていってくれないと。そして、社員がもっと自分で考える自律的集団になるように強いリーダーシップを発揮してくれないと……」と独演会になってしまう。会長自身が社長の自律を妨げ、また社長もその状況を会長のせいにして、現状に甘んじている。

だが、D社と同じような、支配と依存の状況から抜け出せない企業は決して珍しくない。

今、ベンチャー企業で起こっていること

では、まだ組織が若くて柔軟なベンチャー企業はどうであろうか。

一般的にベンチャー企業は、大手企業と違い、独立精神に溢れた自律型集団と見られている。確かに創業メンバーである経営幹部はその通りである。道なき所に道を切り拓き、リスクを犯して、自分たちの夢の実現を目指して取り組んでいる。

しかし、一般の従業員はどうだろうか。実はベンチャー企業では、優秀で自信満々な経営陣と一般の従業員とのギャップが大きい。

そもそも、ベンチャー企業が短期間で成功するには、優れたビジネスモデルが必要である。優れたビジネスモデルとは、世の中のニーズに合致した商品・サービス・技術があり、それを提供できる仕組みである。そのニーズに今までの社会が十分に応えきれていなかった場合には、そこに新しいマーケットが出現し、大きなビジネスチャンスが生まれる。これをいち早く取り込んでいき、競争を勝ち抜いていくには、強いリーダーシップが必要である。

実は、そこに落とし穴が存在する。

先ほども触れたように、新しいマーケットが生まれた状況というのは、一時的な右肩上がりの環境とも言える。この環境では、「どうすれば儲かるか」というビジネスとしての正解は世間の人々には見えていないが、ベンチャーの旗手と言われるような優秀なカリスマリーダーには見えている。あるいは、それを信じることができる。そして、いち早くこのマーケットを取りにいきスピードを競う。従業員にとってカリスマリーダーからの命令は絶対であり、その命令をいかにスピーディーに、そして徹底して実行するかが社員の使命である。

こうやって勝ち組ベンチャー企業は、その新しいマーケットで勝者となっていくが、残念ながらそれは永遠には続かない。数年後には右肩上がりの状況が終わり、成熟したマーケットに変質するからである。

そして、その移行期間はどんどん短くなっている。ビジネスモデルの賞味期限がどんどん短くなっているのだ。

ベンチャー企業が生き残っていけるかどうかは、いかにビジネス環境の大転換期に対応できるかどうかにかかっている。トップが大天才のカリスマリーダーであれば、変化を事前に予測、あるいは変化を自分の肌で感じ、すべて自分で答えを導き出せるかもしれない。しかし、大天才ではない普通に優秀なリーダーには違う方法が必要となる。

それは、全てを自分の力で行うのではなく、部下の力を活用して組織として乗り越えて行くことである。すなわち、従業員一人ひとりが要望レベルの高くなった顧客に柔軟に対応する。その中で常にアンテナを立てて環境や顧客の変化を捉える。そして、その情報をタイムリーにリーダーに伝える。リーダーは集まった情報を分析し方針を決定する。そしてその方針の下に権限委譲を進め、現場では従業員一人ひとりが方針に従いながら現場に即して自律的に行動するのだ。

しかし、今までカリスマリーダーの号令の下にまい進してきた集団には、自分で考え自ら行動するという自律の機能が育っていない。右肩上がりの局面では強みであった体質が、成熟した環境では弱点に変わってしまうのだ。

今、サラリーマンの間で起こっていること

近年、顧客から依頼の多い研修テーマに「入社3年目研修」というものがある。妙な名前だが、要するに入社3年目あたりになると退職が続発するので、それを防止したいという要望である。

なぜ、入社3年目で辞めるのか。それにはさまざまな要因があるが、いずれも環境に負けてしまっているといえる。だから、環境を変えようと転職するのだが、環境に負ける体質なので、新しい環境でも負けてしまう人が多い。

こういう人は、「うまくいかないのは環境のせいだ。入った会社が悪かった」と思ってしまう。

もちろん、自分に合わない仕事や職場に長くいる必要はない。そういう場合は早めに再スタートを切るべきだという考え方もあるだろう。

しかし、自分に「合う」「合わない」というのは、いつ判断するのが正しいのだろうか？

そもそも自分に「合う」という基準は、いつ、どうやって作られたのであろうか？

その多くは大学4年間、あるいは高校時代を含めても10年にも満たない期間で、しかも

実務経験も積まない段階でできたものである。そのことと、実社会の仕事にはほとんど関係性はない。しかし、多くの若者はそれを自分に「合う」「合わない」の基準の一つにしている。

実社会では、もともとは「これは苦手だ」と思っていたことを、結果的に専門の仕事にしている人は案外多い。さらにその分野のスペシャリストになっているケースさえ珍しくはない。

かく言う私も、今でこそコンサルタントや研修講師として、多くの人の前で講演をしたり話をすることを仕事にしているが、もともとは人見知りが激しく、コミュニケーション能力に全く欠けた人間であった。

だが、苦手であることは利点になる。

例えば、得意な人は苦もなくできるので、なぜできるのかが自分でもわからず、人に説明することができない。できるのが当たり前だと思い、できない人の気持ちがわからない。こういう例でよく巨人軍の長嶋茂雄元監督が出てくるが、天才ゆえの話である。

一方、苦手な人は自然体ではできないので、理論を学び、理詰めで解決策を模索する。だから、できるようになれば人に説明することができ、再現性もある。また、改良改善することも可能になる。結果、もともと不得意だったことが専門となり得る。

以上が苦手であることの利点である。

しかし、こんな前向きな考え方をできるのは、自分で自分の人生をコントロールしようとする自律型の人だけだ。何でも周りのせいにする依存型の人には決してできない。

自律できない組織に見られる恐ろしい症状

1．ヒラメ集団と化す

これまでヒトと組織が自律していない現状を概観してきたが、症状が進むと、目が上についているヒラメのように、上の顔色ばかりを窺うヒラメ集団ができてしまう。とくに、強力なリーダーシップを発揮するカリスマリーダーがいる企業や、上の命令には絶対服従の体質がある企業で見られる。こういう環境下ではたとえば管理職は部下に目が行かないばかりか、顧客とも向き合わないため、ビジネスの環境が激変してもそのことに気づかず取り残されてしまう傾向がある。

仮に、トップや経営陣が決して間違えないのなら、さほど問題はないが、そんなことはあり得るだろうか。ヒラメ集団では、もし、トップが間違った方針を出しても、誰も気づかない。気づいても何も抵抗できない。いや、むしろ疑問を持たないように目をつぶったりする。こんなことになりかねない。

これは大変危険なことである。

2．部下を壊すコントロールマネージャー

そして、ヒラメ集団には、ふさわしい上司がいる。それはコントロールマネージャーと私たちが呼んでいる独善的で高圧的な上司である。

気をつけないといけないのは、優秀なプレイヤーが管理職になったときにこのコントロールマネージャーになりがちなことだ。彼らは自らが営業や技術の前線に立っていたときは、肌身で顧客や環境の変化を知ることができたので、正しい解を導き出し、的確な戦略を立て、成果を上げることができた。だからこそ優秀なプレイヤーになったのだ。

そして、管理者になった彼らは当然その成功体験を基にマネジメントを行う。彼らは、自分は誰よりも正解を知っているという前提で一方的な指示命令のマネジメントを行う。部下にとって上司は絶対的な立場なので、それによって、ますますヒラメ化が進んでしまうのだ。

この場合、うまく行くには2つの条件が必要である。1つ目は右肩上がりの時代であること。2つ目は彼らが、常にプレイング・マネージャーとして自ら前線に立っていること。この2つの条件を満たしていれば、成功する可能性はある。しかし、経済環境は成熟し、また自らの立場が上がり常には前線に立てなくなったにもかかわらず、過去の成功体験から、今でも常に自分が正しいと強く思い込む。そして部下の考えを重視せず、一方的な指

示・命令を連発する。現場では昔とは違う状況が起きており、結果として間違った指示になっていることも珍しくない。しかし、成果が上がらないと、コントロールマネージャーは「それは部下の頑張りが足りないからだ」と思うのだ。

そして、自分が思い描く結果を出せない部下を責める高圧的なマネジメントになる。ひどい場合は、部下をドンドン壊してしまう。いわゆる「パワハラ」状態である。せっかく多額の採用費をかけて採用した若手を鬱にしたり、退職に追い込んでしまう。競争激化の過酷なビジネス環境で頑張っているのに、こういう上司がいたらたまったものではない。

3.売上の低下

コントロールマネージャーが活躍し、従業員の自律性が欠如すると、企業の業績にも大きな影響を及ぼす。そのことを示す例を紹介したい。

①あるECサイト運営会社の例

この企業では業績拡大の切り札として、営業力が強くて有名なE社の伝説の営業マンを営業責任者として迎えた。

彼は社長の命を受け、部下を叱咤激励し馬車馬のごとく働かせた。

「ダメな奴は去れ！」

彼はいわゆる「やるか辞めるかマネジメント」を徹底した。営業現場では、営業方針と現実の乖離に悲痛な声が挙がっていたが、彼はそれを単なる言い訳として、一切耳を傾けなかった。彼には過去の輝かしい実績から生まれる絶対の自信があったからだ。

その結果、期待通りに業績は向上した。しかし、それはほんの一瞬のことであった。1年半経過したあたりから、数字がほとんど伸びなくなったのである。

採用数を急激に増やしているので、全体としての数字は若干は伸びてはいるが、営業マン一人当たりの数字は、急激に下降線をたどっている。

一時的な数字の上昇は、厳しいコントロールマネジメントの成果ともいえるが、営業マンの仕事に対する情熱が向上したわけではなく、仕事に対する自律性が高まったわけでもないので、継続は難しかったのだ。

②完全歩合制の販売会社の例

典型的な営業会社であるF社では、本社の営業戦略会議における業績向上の重要施策が表彰旅行の行き先の決定であった。「今年はハワイだから、来年はラスベガスかな?」「いやオーストラリアの方がいいのでは！」……と議論は白熱。経営陣は何を「飴」にするかで営業マンの頑張りが変わると思っているらしい。

売上を伸ばすためのポイントは「飴」の種類にあると思い、それを売上向上策のメインテーマにすえたことで、逆に売上が低迷し始めた。この企業も急速に人員を増やしているので、一見すると順調に売上を伸ばしているように見えたが、実態は逆で、一人あたりの売上は下がり続けているのだ。

コントロールマネージャーは『飴』や『ムチ』を与えることで社員をコントロールすることができると思いがちだが、残念ながらそんなにうまくはいかない。人間はそんなに単純にできていないからである。

実際に結果を見ると、表彰旅行に参加できる顔ぶれは毎年、ほとんど同じである。しかも、全体の中のほんの２割程度に過ぎない。つまり、大多数の社員が対象外なのだ。

大多数の社員の仕事そのものへの自律性は高まっていないのだ。だから結局、何も変わっていない。むしろ、「毎年参加できていない」という事実を見せつけられると、余計に仕事への情熱が失せて、仕事が受身になってしまっている。

しかし、外から飴やムチといった刺激を与えることで人をコントロールできると思っているコントロールマネージャーたちは、そのことにまだ気づいていない。

4. 不祥事の温床

この数年、食品偽装、粉飾決算、欠陥商品の隠ぺい、など企業の不祥事が後を絶たない。ニュースを見ていると、耳を疑うような現場の状況が続々と出てくる。

会社を崩壊させる程の致命的な事件がなぜ、こんなに起きるのだろうか？なぜ、こんなことが放置されてきたのだろうか？

問題を起こした企業の多くでは強烈なコントロールマネジメントが横行しており、そのことで社員が何も言えない状態になっていることが多い。

マネージャー自らが不正を指示した場合はもちろん論外であるが、指示していなくても、強烈なコントロールマネジメントをしていれば、部下は正直な報告や本音の発言が出来なくなる。

またコントロールマネージャーが「この目標は必達だ！」と命じれば、部下は「**どんな手を使っても**達成しなければ」という思考になる。この時点で顧客視点や社会性が消えてしまい、内輪の論理しか見えなくなっている。

組織から自浄作用が無くなってしまうのだ。

もちろんマネージャーがどうであれ、メンバー一人ひとりが自律性を持ち、一人の社会人として責任ある行動をすべきかもしれないが、上司に生殺与奪権を持たれている組織人にそんなことが出来るだろうか。

このように自律を奪うコントロールマネジメントは組織にとって、自殺行為とも言えよう。

第2章

なぜ、OSのバージョンアップが必要なのか

悩み深き管理職

何とも衝撃的な言葉だが、これは私も取材を受けて記事になった2006年11月6日付「日経ビジネス」の表題である。

「管理職が壊れる」

セクハラ・パワハラ対策、情報管理、内部統制……。中間管理職が新たに発生した業務に押しつぶされそうになっている、というのだ。

確かに、ひと昔前には管理職にはなかった仕事が急増している。

しかし、それだけだろうか？そもそもマネジメント自体が難しくなっていると感じないだろうか？

昔は上司の指示は絶対であり、多少理不尽なことでも通用した。しかし現在は、部下は納得しないと動かなくなっている。

管理職としてのあなたは、会社から高い要求を突きつけられて懸命に頑張っているのに、ふと部下を見ると、高いモチベーションで仕事に取り組んでいるようには思えない。会社が大変な状態でもマイペースな仕事ぶりで危機感を感じていない。

やる気がないわけではないが、言われた以上のことを自らしようとしない。そのことを本人に言っても、「自分は一生懸命やっている」と言い、まったく自己評価ができていない。

仮に、自分のことを不十分だと認めても、それは「環境が整っていないからで自分のせいではない」と考えている。本音では経営戦略や上司のリーダーシップが欠けていることが原因だとさえ思っている。

これは、会社や上司に依存して、自律していない状態そのものだ。問題を安易に環境や他人のせいにしている。

もちろん、そんな部下を自律させ、やる気にするために、多くの会社、管理職はさまざまな手を打ってきた。

例えば多くの企業が成果主義を導入した。自分のやったことの結論が自分に返ってくれば、自ら「何とかしよう」と自律的な行動に変わるはずだった。そうすることで、やる気も出るはずだった。

でも、結果はどうだったろうか？もちろん、成功した企業もあるが、逆に社員のモチベーションが下がったり、仕事への情熱が薄れ受身の社員を増やしたケースも多く耳にする。

あるいは、コーチングなどさまざまなスキル研修を導入した。部下の話を聞いてあげることで、やる気になるはずだった。忙しい時間を割いて、面談の時間をわざわざ取った。それでも、なかなか期待したような成果が出ない。

そうなると「部下におもねっているから、ダメなんだ。やはり上司には『怖さ』が必要だ」という逆の意見も出てくる。

だから、一転して「甘えるな！上司に頼るな。自律しろ！」というハードな指導を行ったマネージャーもいる。

しかし、状況はあまり変わらない。あいかわらず部下は自律しないままだ。

ＯＳとは何か？

あなたは、人や組織の「ヒューマンスキル」は実はパソコンのようにＯＳとアプリケーションの２つから成り立っていると聞いたら、驚くだろう。

おわかりのように、パソコンで言うＯＳとは、アプリケーションを動かすためのソフトウエアであり、最も有名なものはマイクロソフト社のウインドウズである。そして、アプリケーションは、ワードやエクセル、パワーポイントといったもののように、何かの作業目的のために使用するソフトウエアである。

当然、私たちは最新のアプリケーションを使いたいものだが、そのときに大事な前提が一つある。それは、最新のアプリケーションに対応したＯＳにバージョンアップしておくことである。

例えば、エクセル２００７を使用したいのに、ＯＳがＭＳ-ＤＯＳではまったく稼動しない。だから、エクセル２００７をインストールする前に、ＯＳをＭＳ-ＤＯＳから、ウインドウズにバージョンアップするはずである。

このように、私は人や組織のヒューマンスキルをＯＳとアプリケーションに分けて捉え

図③　ヒューマンスキルにおけるOSとアプリケーション

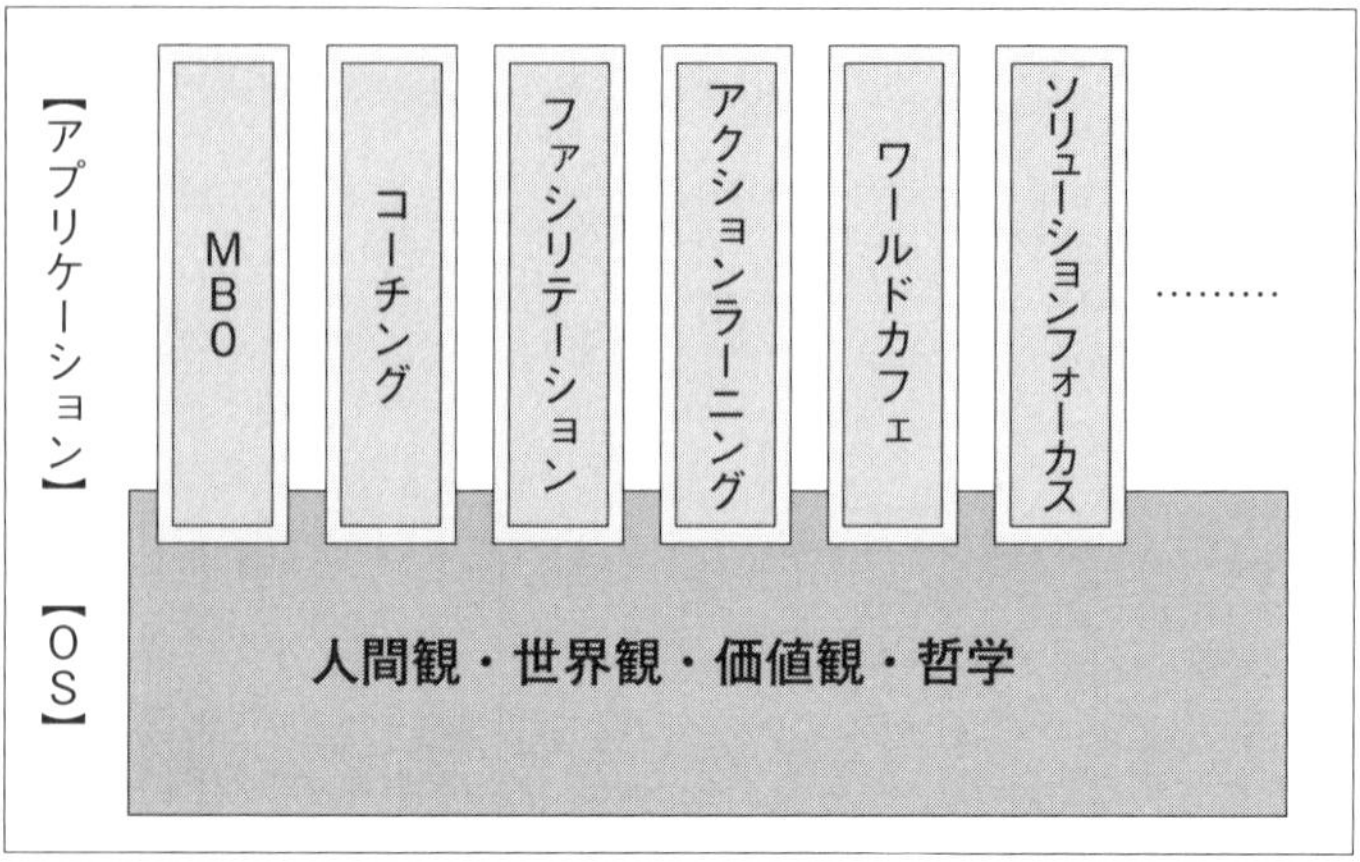

ている。

ここで言うアプリケーションとはMBOやコーチング、ファシリテーション、アクションラーニング…などといった様々な手法のことを指す。

そして、人や組織のヒューマンスキルにおけるOSとは「人間観・世界観・価値観・哲学」のことである。

関係を整理すると、「こういう【人間観・世界観・価値観・哲学】」だから、このアプリケーション（手法）が必要というわけである。OSと適合したアプリケーションを使うから、実際に効果が上がるのだ。

この十数年日本企業では、MBO・コーチング・ファシリテーション・アクションラーニング・ソリューションフォーカス・ワールドカフェなど様々なヒューマンスキルの手法が流行した。これらはすべて、良くできたアプリケーションソフトと言えるだろう。

それにもかかわらず、この十数年間で日本企業の人材のレベル、組織のレベルが大幅に向上したとは聞かない。

むしろ人材については、自律性の低い指示待ち人間が増えたと指摘され、組織体質については個人主義が台頭し、日本企業の強みである助け合い協力する風土が弱体化したと叫ばれている。せっかく素晴らしい手法が普及しても、むしろ事態は悪化している。これは、どういうことだろうか?

なぜ、あなたはコーチングをうまく使えないのか

話をわかりやすくするために、コーチングを例にとってみたい。

コーチングは1997年頃から日本に導入され、企業の間で瞬く間に広がっていった。今や社員研修、とりわけマネージャー教育ではコーチング研修を実施することが定番になっている。

ところが、せっかく時間とコストをかけても、期待した程の成果が出ていないという話を聞くこともある。なぜだろうか？

コーチングは本来、「その人の中に答えがある」といった肯定的で、主体性を重視した考えに基づく手法である。つまり、コーチング自体には本来、ある思想や価値観（いわゆるコーチングマインド）が内包されているが、残念ながら伝わる段階では単なるテクニック（技法）としか伝わっていないことが多い。

コーチングでは、相手を否定したり無理やり強制的に相手を動かそうとしない。なぜなら、人は、そんなことでは動かない存在だからである。「人は環境や他人など外的要因などによって動かされて行動しているわけではなく、人は自分で意思決定し行動する存在で

ある」という「人間観」が前提としてある。

このような「人間観」つまりＯＳを、私たちは「内的コントロール」と呼んでいる。

内的コントロールとは本来ウイリアム・グラッサー博士が提唱した心理学用語だが、私は、もう少し広い概念として「人をどういう存在として見るか」つまり「人間観」を表現する言葉として使用している。

そして、対するもう一つの「人間観」が「外的コントロール」だ。

外的コントロールという「人間観」は「人は環境や他人など外的要因などによって動かされて行動する存在である」という考え方。だから逆の立場で言うと「人は外から変えることができる（コントロールすることができる）存在である」と考える。では、どうやって変えるかと言うと、何らかの刺激を外から与えるのである。例えば、叱咤激励や喝は典型的な刺激である。

実は、私たちは多くの場合、言葉こそ知らないが、この外的コントロールを自然と身につけており、自分のＯＳとしている。

気合いの入っていない部下に「もっとしっかりやれよ！」と喝を入れたり叱咤激励するのは、その表れである。もっと上手い「叱り方」を身につけたいと考える人が多いのも、その表れである。

ちなみに、褒美で釣ることも立派な外的コントロール的アプローチである。

一般的な風潮として、「飴と鞭」で言えば、「鞭は良くないけど、飴はいいこと」と思われている。しかし、「飴と鞭」どちらも相手を「操ろう」「コントロールしよう」という意味において本質は一緒である。

この外的コントロールというOSを持っているからこそ、私たちは「良かれと思って」相手が納得してなくても強制的なアプローチをよく使うのだ。

もちろん、そうすることで事態が好転したり、解決することはある。例えば、「もっと気合を入れて仕事に取り組め！」と部下にカミナリを落としたら、部下がピリッとしてその後少し変わった、というような成功体験を多くの人が持っている。だから、このアプローチが効果的だと信じるようになったのだ。

しかし、いつもいつもうまくいってるわけではない。むしろ、うまくいかないことの方が多いのではないだろうか。

よくよく考えてみれば、相手がこちらの指示通りに行動したとしても、上司が見ている時だけのポーズかもしれない。

中には言っても言っても変わらない人、返事だけは立派だが行動しない人もいる。こういう人たちにあなたは今まで悩まされてきたはずだ。

どうしてだろうか？ それは、人間は外から刺激を与えられて、それに従って動くほど、単純にはできていないからだ。つまり、人は実際には外的コントロールでは動いていない。

全ての人が内的コントロールで動いている。

しかし、私たちは考え方としては知らず知らずのうちに外的コントロールを身につけているので、良かれと思って、なかば強引に人を動かそうとする。

これが問題なのだ。

例えば、外的コントロールのＯＳのまま、コーチングを学ぶと、「この質問でなんとか部下を自分の思うように動かそう」と考えてしまう。

しかし、部下の目もふし穴ではないので、見透かされてしまう。「さては、課長は先週行ってきたコーチング研修のスキルを使って、オレをコントロールしようとしてるな！さ れてたまるか！」と抵抗されれば、当然うまくいくはずがない。

そしてこのとき、「その人の中に答えがある」というコーチング本来の思想が頭の中から消えているのだ。コーチングのスキルでなんとか部下を自分の結論に引っ張っていこう、という発想に変質してしまっているのだ。

人は実際には外的コントロールでは動いていないので、結局うまくいかない。

図④　OSのバージョンアップが重要

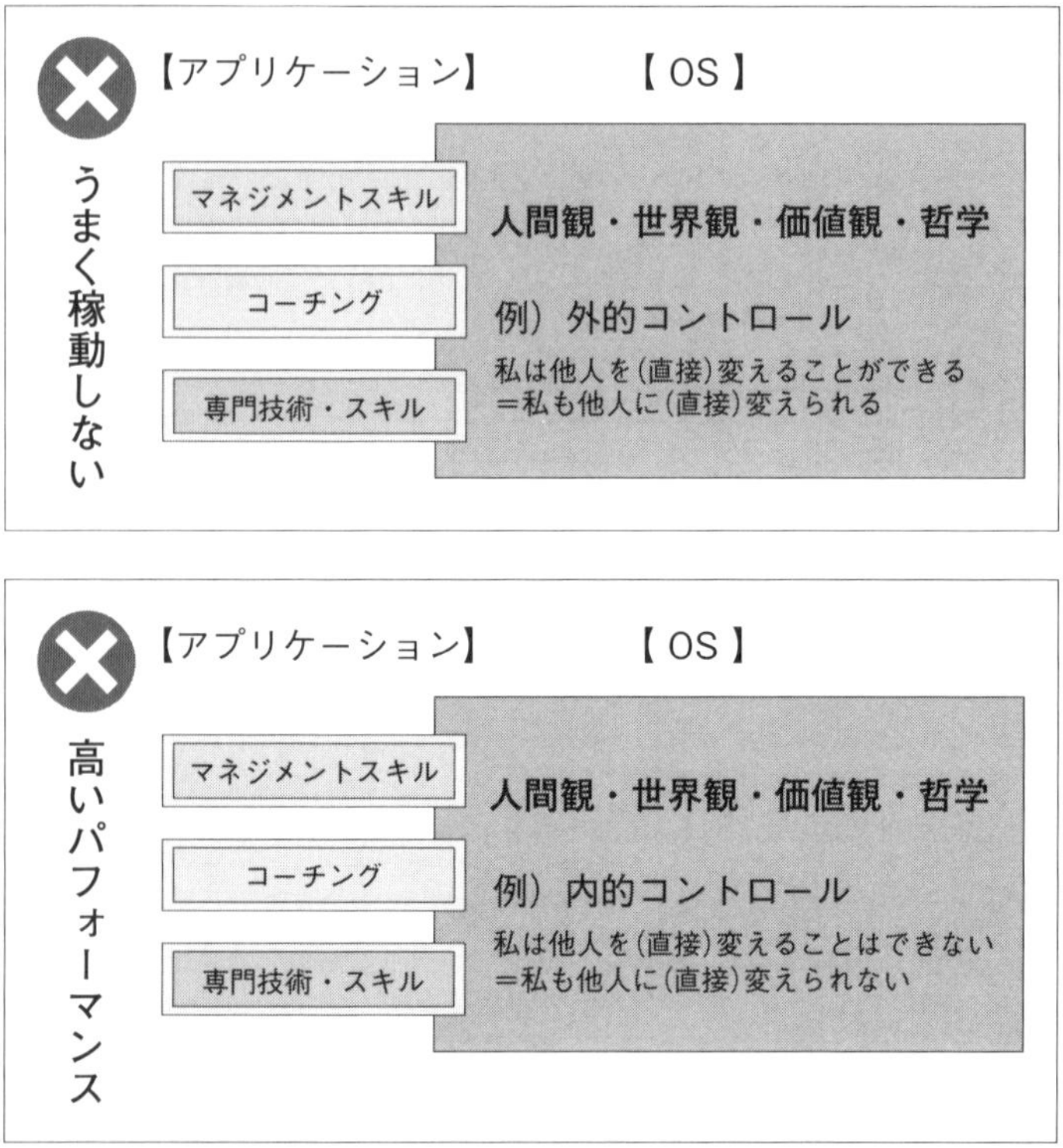

ＯＳが外的コントロールのままでは、コーチングのようなヒューマンスキルは効果を存分に発揮することはできない。

しかし多くの人はコーチングを学ぶときに、技法（アプリケーション）としての理解でとどまるため、ベースとなっているＯＳ（人間観・世界観・価値観・哲学）が古いまま放置されてしまう。

やはり、最新の技法（アプリケーション）をインストールするなら、ＯＳを外的コントロールから内的コントロールにバージョンアップしないと、うまくいかないものなのである。

あなたは錯覚している⁉

しかし、外的コントロールは間違ったOSであり、人間は実際には内的コントロールで動いている、と言われてもなかなかピンと来ないであろう。

何故なら、ほとんどの人が「自分は他人や環境に変えられる存在である」という外的コントロールの感覚を持っているからである。

例えば、最近あまり仕事が楽しそうでない人に、「どうして仕事が楽しくないのですか？」と聞けば、「私の仕事って、同じことの繰り返しでそもそもあんまり面白い仕事じゃないんです」とか「上司が全然、現場の状況を理解してくれないんです」とか、「会社の展望が見えなくて、なんか将来性を感じないんですよねえ」など、楽しくないことの理由を、環境や他人のせいにして答えることは、ごく普通のことである。だから、外的コントロールという言葉は誰も知らないが、この感覚は普通にみんなが持っているのだ。しかし、これは「錯覚」である。そして、ほとんどの人が錯覚しているのだ。

では、なぜこれが錯覚だといえるか？次のような簡単な演習で、この誤解は解くことができる。

例えば、次の文章を見てもらいたい。


仕事でお客さんのオフィスを訪問していたあなたが、ビルから出ようとした瞬間、突然雨が降り出した。みるみる雨足は強くなり、どしゃ降りになってきた。空は真っ黒い雲におおわれて、まだ昼なのに、夕方のような暗さだ。

さて、あなたはこの景色を見て、どう感じるだろうか？どんな気分になるだろうか？


おそらく「憂鬱な気分だな……」と感じる人が多いだろう。

そして、「なぜ、憂鬱なんですか？」と質問すれば、あなたは「そりゃ、この雨だから……」と答えるだろう。つまり、「雨」が「あなた」を「憂鬱」にした。

環境によって自分の感情は決定づけられている、ということの感覚はまさに、外的コントロールである。でも、次の質問によってこれは錯覚だということを証明することができる。

図⑤　外的コントロールの発想

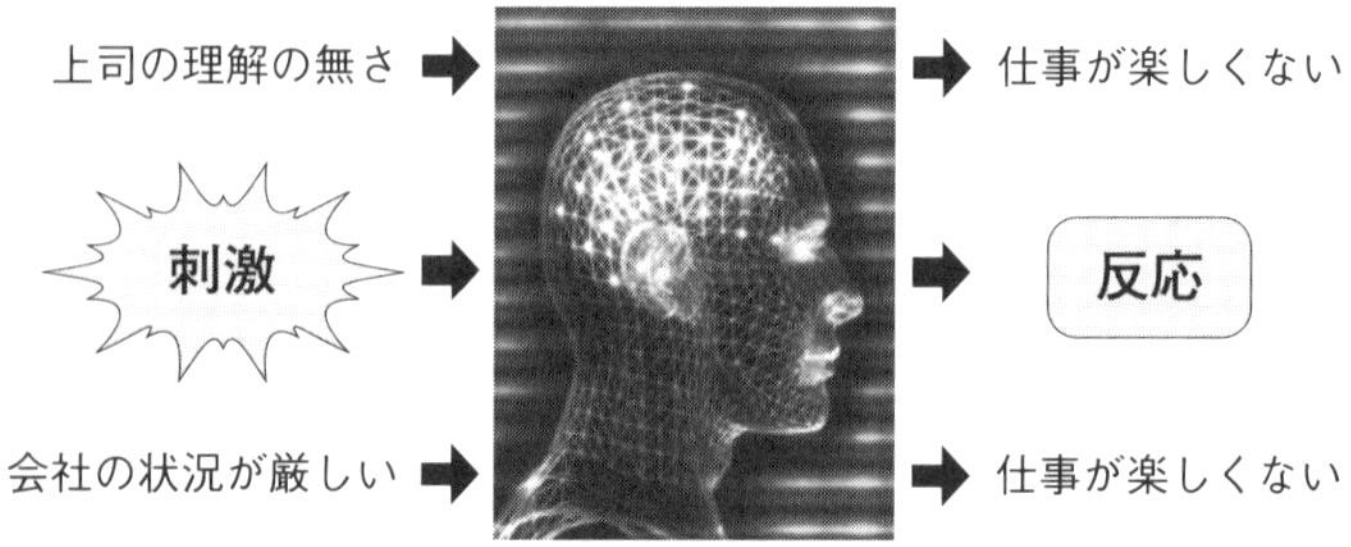

刺激によって、反応は決定されるというのが
「外的コントロール」の発想

図⑥　内的コントロールの仕組み

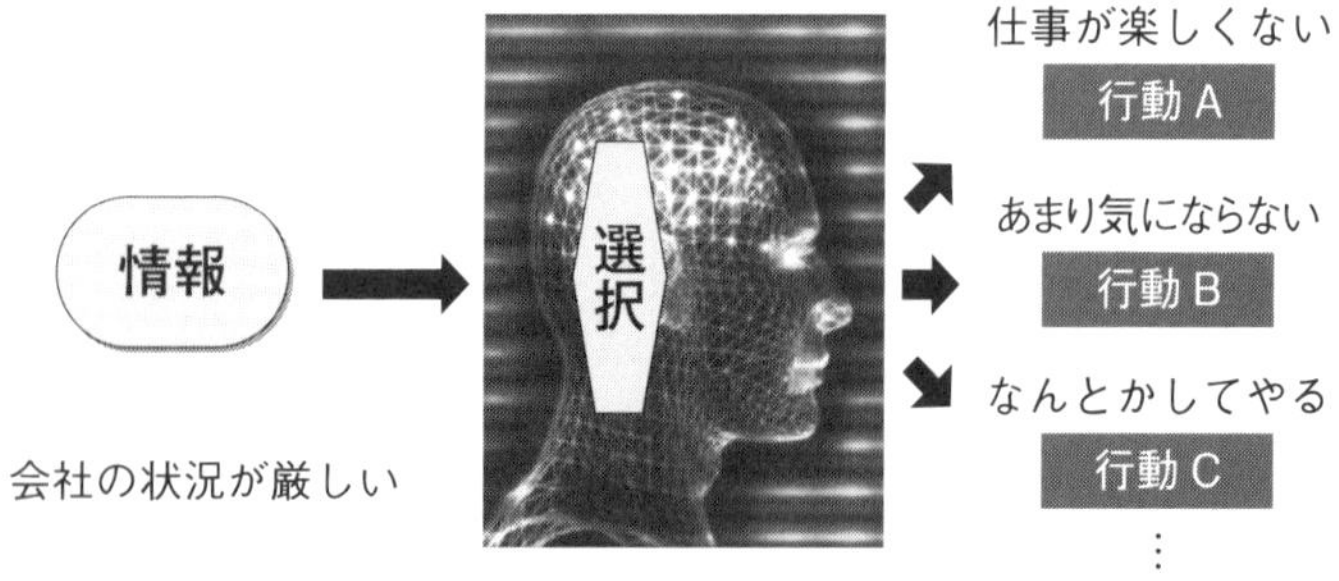

人は内的コントロールで動いているので、
情報に接しても、自動的に反応するのではなく、
行為と思考を自分で選択している

もし、あなたが仕事を変えたとしよう。あなたは傘店のオーナーである。あなたの仕事は傘を売ること。さあ、ここで先ほどと同じ質問。

仕事でお客さんのオフィスを訪問していたあなたが、ビルから出ようとした瞬間、突然雨が降り出した。みるみる雨足は強くなり、どしゃ降りになってきた。空は真っ黒い雲におおわれて、まだ昼なのに、夕方のような暗さだ。

さて、あなたはこの景色を見て、どう感じるだろうか？　どんな気分になるだろうか？


あなたは決して「憂鬱な気分だな……」とは言わないのではないだろうか？　むしろ「ヤッタ。今日は売上が上がるなあ」とウキウキした気分になるかもしれない。

このときに、あなたの気分やモチベーションを決定づけた要因は何か？　雨だろうか？　いや、憂鬱用の雨とウキウキ用の雨があるわけではないので、雨であるはずがない。

でも、気分やモチベーションは180度変わっている。確かに雨はあなたに影響を与える存在だが、雨によってあなたの気分やモチベーションが決定されるというわけではないのだ。それは、あなたの「判断基準」が変わっただけの話である。

しかし、外的コントロールをOSとしている私たちは、「どうして憂鬱なの？」と聞かれれば「だってこの雨だから……」と答えるし、「どうして憂鬱なの？」と聞かれれば「だってあの上司がいるから……」「だって会社がこういう状態だから……」と答える。

これは、「悪いことは全部自分の外側にある。その要因が自分を悪い状況に追い込んでいるんだ」というまさに外的コントロールの感覚である。

しかし、よくよく考えてみれば、雨でも憂鬱な人とウキウキする人がいるように、あまり評判のよくない上司の下でも、モチベーションの高い人はいる。また、会社が大変なときでも、「クソっ！こんなことでダメになってたまるか」と闘志を燃やす人もいる。

私が以前在籍していたリクルートの経理担当のある役員に、こんな人がいた。

この役員が入社したときのリクルートは草創期であり、今とは違い将来どうなるか見えない状況だった。面白いことに、この役員はそこが気に入って入社したという。

「企業が潰れるときを経理のスペシャリストとして内部で経験したい。これほど貴重で将来役に立つ学びはない」こう考えたのだと言う。残念ながら、その願いはかなわなかったが。

経営の先行きが不透明だからと言って、不安になりやる気がなくなる人もいれば、逆に「こんな経験はめったにできない」とモチベーションが高まる人もいるのだ。

つまり、環境などの外的要因は私たちのモチベーションや行動を決定するものではなく、それを1つの情報として取り入れながら、それぞれが判断して行動を選択しているのだ。まさに人間は内的コントロールで動いている。

第3章

自律型人材を創る自律型モチベーションの仕組み

(1)自律型人材の正体とは?

自律型人材は最初から自律型人材なのだろうか?それとも、成長したり何かのキッカケで自律型人材に変身するものなのだろうか?

そして、そもそも依存型人材と自律型人材は何が違うのだろうか?

この章では、その違いを明確にしていこう。

人は常にベストな行動を選択する?

例えば、自分の目の前で道が2つに分かれているとする。片方の道は「楽しくて充実している道」、もう片方が「退屈で辛い道」。この2つの道があるとわかっていて、わざわざ退屈で辛い道を選択する人はいない。誰だって楽しくて充実している道を選択する。だから、こう言うことができる。

「人は常にベストな行動を選択する」

こう断言すると、多くの人は「そんなバカな!」と思うだろうが、実に人は常にベストな行動を選択している。どういう意味でベストかというと、そのときに本人が思いつく最も【欲求が充足】できるという意味である。これは、客観的な話ではなく、そのときに本人が思いつく範囲、あるいは感じる範囲においてである。もちろん、本人に「選択している」という自覚はなく、瞬間的に無意識のうちに判断している。

考えてみればわかるが、誰だってわざわざ「いやな気分を味わいたい」「痛い思いをしたい」と思って、そんな行動を選択はしない。たとえ他人から見れば、どんな浅はかな行動であっても、そのときの本人にとっては、実際に選択できる範囲でのベストな行動だと感じたのだ。直後に後悔することもあるが、そのときその瞬間においてはベストなのだ。

繰り返し言うが、これは客観的な話ではない。あくまで本人の中での感覚である。だから、他人から見ると間違って見えることは多い。

また、こんな言い方もできる。

「人の行動にはすべて目的がある」

この場合の目的とはどんな目的か？それは【欲求充足】だ。人間はいつでも、どこでも【欲求充足】を求めている。こう考えると、一見理解不能な人の行動も実に理屈に適っている。例えば、仕事をサボっている部下がいるとする。仕事をサボって彼に何の得があるだろうか？上司から見れば理解不能である。でも、彼の行動には目的があり、彼は常にベストの選択をしている。それは何か？【欲求充足】である。

図⑦　人は常にベストな行動を選択する

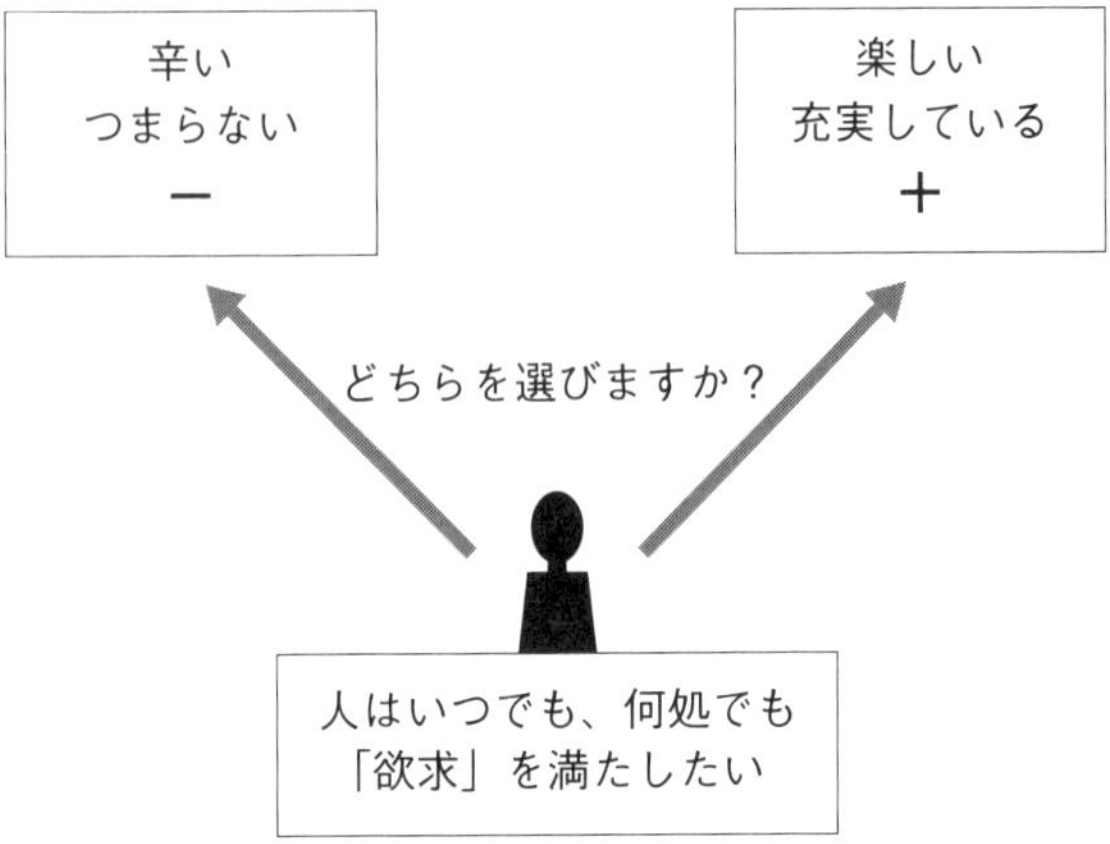

彼のイメージの中では、真面目に仕事をするよりも、サボることの方が欲求充足できると思ったから、その行動を選択した。もちろん、その選択は客観的には間違っているが、その時、彼はそう思ったのだ。逆を言えば、サボるよりも真剣に仕事に取り組んだ方が欲求充足できると思えれば、自然とそういう行動を選択する。

そして、言われた仕事だけをするよりも、自分で創意工夫して自発的に取り組んだ方が欲求充足できると思えれば、自然とそういう行動を選択する。それは結果として、『自律的な行動』に見えるはずである。『自律的な行動』とは、実は結果的にそう見えるだけである。つまり、『自律型人材』とは、「自分で自律的に取り組んだ方が欲求充足できる」と思える人である。

依存から脱却し自律型人材へ

あなたの周りに、こんな人物はいないだろうか？

仕事にはあまり熱心でなく、指示されないと動かないのに、好きな遊びは率先して行動する人。たとえば、ゴルフコンペの企画となると喜んで担当する。進んでコースを予約し、メンバーを募り、賞品を考える。

また、仕事にはあまり情熱を燃やさないのに、上司や会社の悪口を言うことには情熱的で、色んな同僚に自分から積極的に話しかけて同意を求める人。

このような行動は、人に命令されてやっているわけではない。いわば『自律的な行動』だと言えないだろうか。

しかし、通常そういった行動を『自律的な行動』とは言わないし、彼らを『自律型人材』とも言わないだろう。

つまり、世間で言われている『自律型人材』とは、「自律的に行動しているか」という視点だけではなく、それが「生産的な行動」において発揮されているかという視点で語られている。

「生産的な行動」が自律的に行われていれば、『自律型人材』と判断されるし、もしそれが「非生産的な活動」だけでしか発揮されていなければ、『自律型人材』とはみなされない。

実は人間は、「真面目に仕事をしよう」とか「サボろう」と考えて行動を選択しているわけではない。あるいは、「自律しよう」とか「依存しよう」と考えて行動を選択しているわけでもない。単に【欲求充足】したいだけである。

イメージできるかどうかが自律と依存の分岐点

上司から見ると「そんな仕事のやり方ではうまくいかない」と思えるおかしな行動を本人が取るのは、その行動が最も欲求充足ができるベストな選択に見えているからである。逆に言うと、もっと効果的に欲求充足できる行動をイメージできれば、上司にとやかく言われなくても行動するのだ。

人間はイメージできないことを行動するのは難しい。行動するには、イメージできることが必要なのだ。つまり、生産的な行動における欲求充足のイメージができるかどうかが、自律と依存の分岐点とも言えるのだ。

イメージできれば、人間は自然と行動する。

反対に、仕事をする過程で自分が生産的な行動において欲求充足できる姿をイメージできなければ、当然そういう行動を自律的に取ることはない。

イメージできず積極的に行動しない人に、行動をさせようとすると、どうしても上司がある程度の強制力をもって取り組ませる必要がでてくる。そうやって取り組む部下の姿は、結果として受身的で依存の状態に見えるのである。

（2）「欲求（インナードライブ）」とは何か？

人間は「欲求」によって内側から動機づけられている。「欲求（インナードライブ）」を満たすことが人間の行動の目的である。「欲求（インナードライブ）」は人間が生きていくうえで必要な機能として人間に備わっている。

例えば、あなたが今朝起きてから夕方まで一滴も水分を摂っていないとする。そうすれば、必ず猛烈に喉が渇く。そして必ず、水分が欲しくなる。これは人間がそういう風に設計されているからである。つまり、体内の水分が基準より低下すれば、水分が欲しくなるように人間は設計されているのだ。

もし、この設計が無ければ、大変なことになってしまう。夏場になれば、水分不足に気づかなかった人の行き倒れで街中が一杯になってしまう。そうならないために、体内の水分が不足すれば、水分が「欲しくなる」ように予め、設計されている。

簡単に言うと、この「生きていくために必要な『欲しくなる』機能」が「欲求（インナードライブ）」である。そして、「欲求（インナードライブ）」は飲み物や食べ物だけでなく、心理的な側面でも存在する。領域別に分けると5つに分類することができる。

5つの「欲求（インナードライブ）」とは？

「欲求（インナードライブ）」を領域別に分けると「愛・所属の欲求」「力・価値の欲求」「自由の欲求」「楽しみの欲求」「生存の欲求」の5つになる。

では、それぞれの欲求の特徴を見てみよう。

『愛・所属の欲求』

愛（受け、与える）、仲間、協調など

『力・価値の欲求』

自己価値、達成、地位、重要感、貢献、奉仕など

『自由の欲求』

独立、自主、自制、選択など

『楽しみの欲求』

学び、笑い、好奇心など

『生存の欲求』

図⑧　欲求（インナードライブ）

愛・所属の欲求	…愛、仲間、協調、など
力・価値の欲求	…自己価値、重要感、達成感、貢献など
自由の欲求	…独立、自主、自制、選択など
楽しみの欲求	…笑い、学び、好奇心など
生存の欲求	…空気･水･食物･防寒･生殖･安全など

空気、水、食物、防寒、生殖、安全など

人間は、この5つの「欲求（インナードライブ）」を満たせると思う行動を選択する。裏を返せば、満たせると思えない、あるいは満たせないと思える行動は選択しない。

そして、「欲求（インナードライブ）」を満たす時に、モチベーションが高まる。

「欲求（インナードライブ）」には次のような特徴がある。

【欲求（インナードライブ）の特徴】
①「欲求（インナードライブ）」を満たす時、モチベーションが高まる
②5つの「欲求（インナードライブ）」は誰にでも存在する（万人に共通）

「欲求（インナードライブ）」は生きていくための機能のため、誰にでも存在する。年齢や性別、国籍、人種は一切関係しない。全ての人に5つの欲求が全て存在する。

マズローの欲求との違い

心理学で「欲求」といえば、多くの人が「マズローの欲求」を思い出すだろう。実は、私がここで言っている「欲求（インナードライブ）」とは、「マズローの欲求」ではない。しかし、参考までに簡単に「マズローの欲求」にも簡単に触れておこう。

マズローの欲求とはアメリカの心理学者アブラハム・マズロー（１９０８年～１９７０年 A. H. Maslow）が唱えた欲求段階説のことである。マズローによると、人間の欲求は、５段階のピラミッドのようになっていて、下から順に、①生理的欲求、②安全の欲求、③親和の欲求、④自我の欲求、⑤自己実現の欲求、と構成されている。

そして、「マズローの欲求」の最大の特徴は、下から順番に、１段階目の欲求が満たされると、１段階上の欲求を満たすという段階を踏んで満たしていくというものだ。

しかし、今回ご紹介している「欲求（インナードライブ）」は全く別の仮説である。最も大きな違いは、欲求を段階で捉えておらず、個人による強弱の違いで捉えているところだ。

図⑨　マズローの欲求

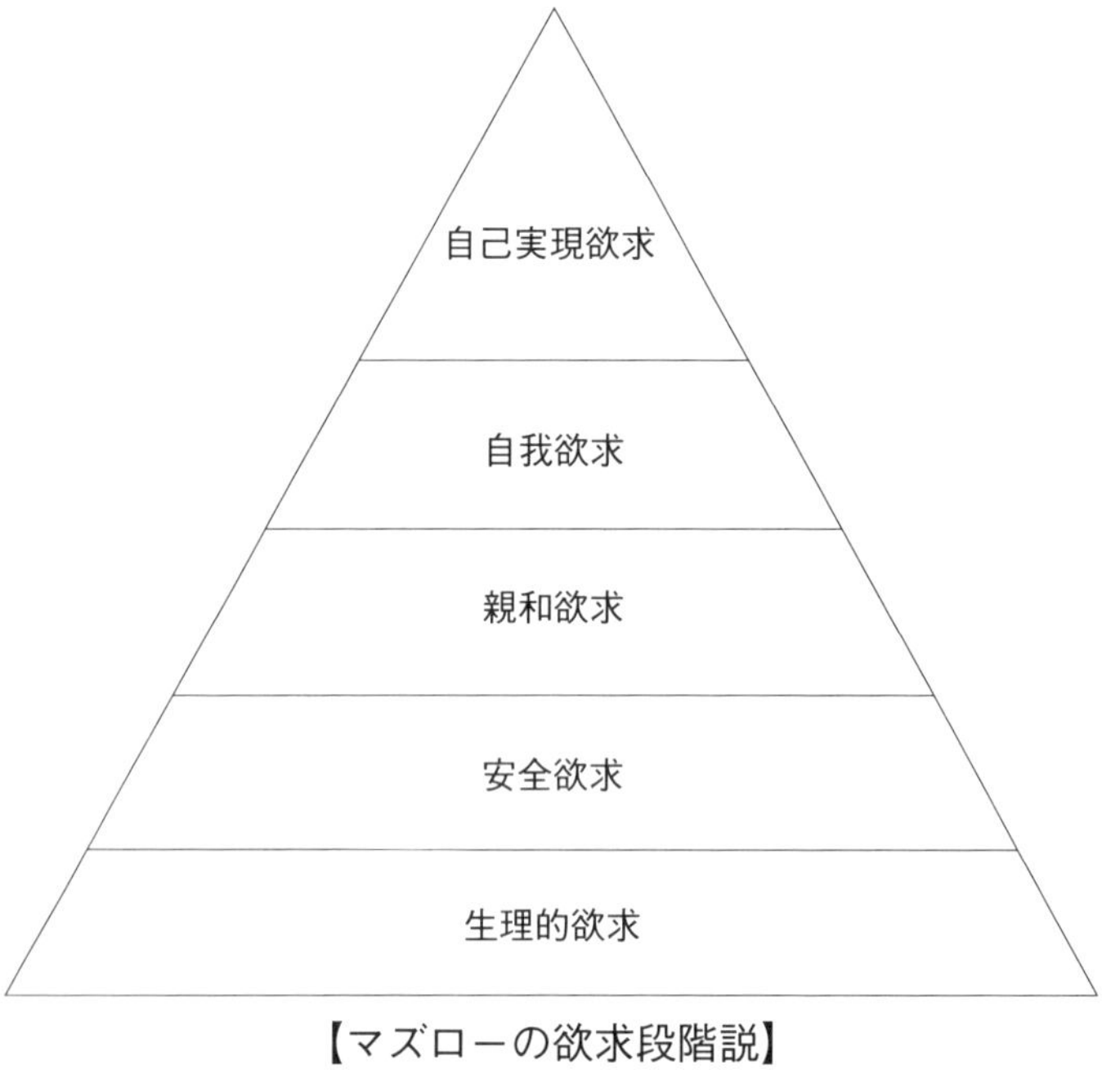

【マズローの欲求段階説】

図⑩　欲求（インナードライブ）のプロフィール

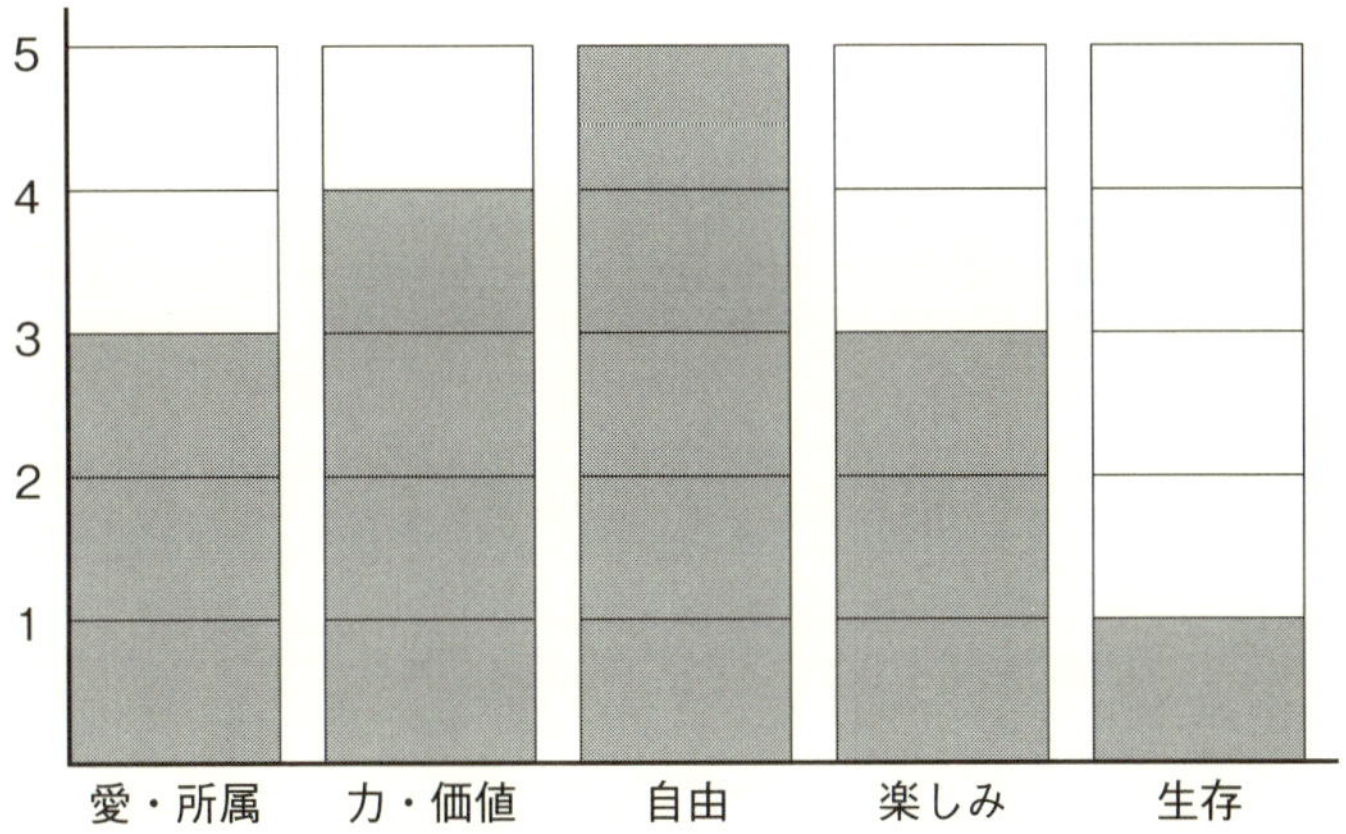

【欲求（インナードライブ）の特徴】
③「欲求（インナードライブ）」の強弱は、人によって違う

人間の行動を観察した時に、「段階説」よりも「個人による強弱の違い」で説明した方が現実的で合理的だ。例えば、湾岸戦争の頃、イラクで起きた自爆テロなどの行為は、「段階説」では理解が難しい。自分の命という最大の生理的欲求を犠牲にして、主張を通じて自己実現をしようとしているのだから、段階としては順番がひっくり返っている。

むしろ、「個人による強弱の違い」として説明した方が納得がしやすい。全ての人は5つの「欲求（インナードライブ）」を持っているのだ

図⑪　ギャップを意識する

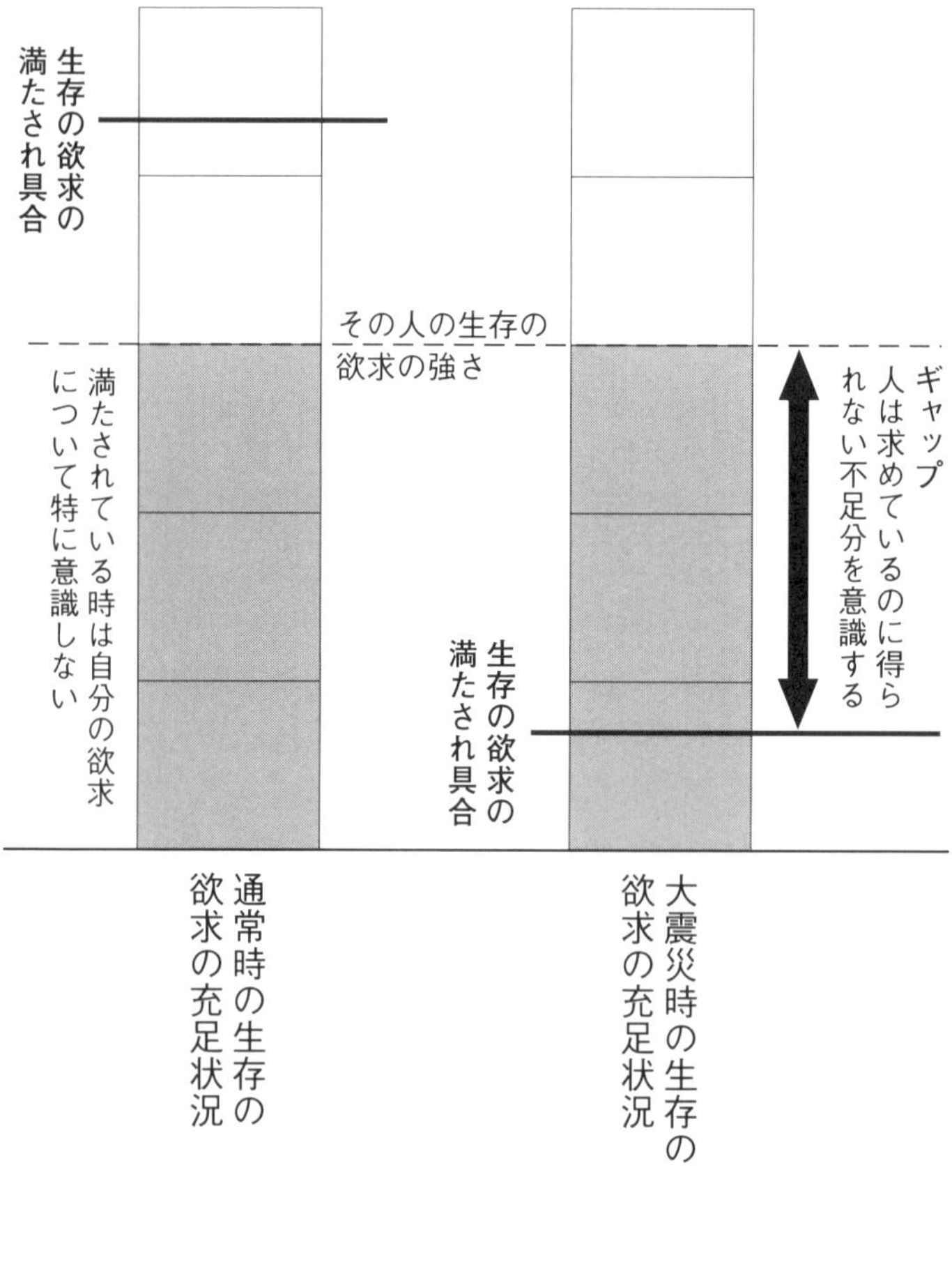

が、どの欲求が強いか弱いかは人それぞれである。つまり人によって優先順位が違うのだ。こう考えると自分の命を犠牲にしてまで、主張をするという行為も説明がつく。

「欲求（インナードライブ）」の強弱の違いは「生まれもったプロフィール」であると言われている。つまり、変化しないということだ。

それでも、状況によって欲求の強さが変化すると感じることはある。しかし、それは欲求の強さが変化したのではなく、充足できていない部分つまりギャップが変化しただけである。人間は満たされていたり、うまくいっている時は、そのことを意識することはないが、満たされなかったり、うまくいってないとそのことを意識する。

例えば、現代の生活では基本的な生活を送るうえでの重大な不足は無いので、我々が普段、生存の欲求を強く意識することはない。しかし、大地震が起きて飲み水も満足に手に入らない事態が起きれば、我々は生存の欲求を強く意識するので、生存の欲求が強くなったような感じがするのだ。だから、欲求の強さそのものは変わらないのだ。

そして、個人によって欲求のプロフィールが違うということは、組織には様々な欲求のプロフィールの人材が集まっていることに他ならない。この事実がマネジメントを難しくしている。

例えば、自由の欲求がすごく強いA君とあまり強くないB君がいたとする。2人に同じ

図⑫　欲求の個人差がマネジメントを難しくする

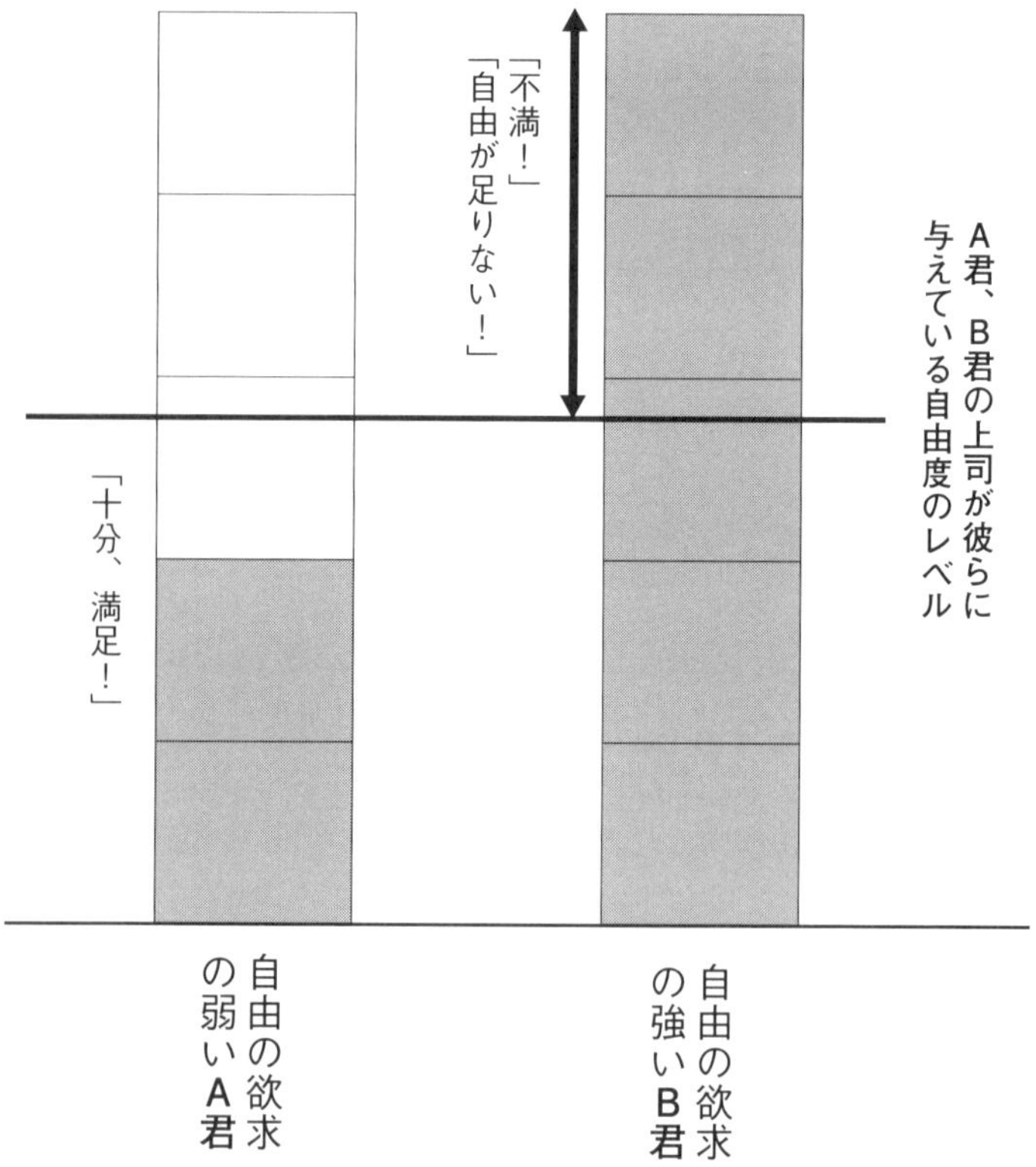

ように仕事を権限委譲していても、２人の受け止め方は全然違う。

自由の欲求が強くないB君は、十分に自由の欲求を充足できるので、「課長のおかげで仕事がやりやすいなあ」と満足する。

一方、自由の欲求が強いA君は欲求充足ができず、「課長はいちいち細かいところまで指示してきて、やりにくいな。もっと任せてくれたらいいのに……」と不満を持つかもしれない。同じ指導をしても人によって受け取り方が違うのだ。

部下によって欲求のプロフィールが違うのだから、画一的な指導ではなく一人ひとりの特徴に応じた指導が必要になってくる。

そして、部下の特に強い欲求には配慮する必要がある。何故なら、その欲求が満たされないことが原因でモチベーションが下がる可能性が高いからだ。

いずれにしても部下一人ひとりに関心を持つことが大前提になる。

モチベーションが高い自律型集団の特徴

社員が頑張って仕事に取り組むモチベーションや自律性は、「欲求（インナードライブ）」に大きく左右されている。つまり、社員のモチベーションを引き出し自律性を高めることが上手な会社は、社員の欲求充足に長けた会社だとも言える。それは、制度やルール、マネジメントスタイル、コミュニケーションスタイルなど、さまざまな手段を講じて実現される。

もちろん、5つの「欲求（インナードライブ）」の全てを上手く満たすことはできていなくても、いずれかの欲求を上手く満たしているからこそ、従業員が自律的な行動を取っているのだ。そういう会社の特徴を欲求別にあげてみよう。

【愛・所属の欲求】

互いを尊重し、信頼できる人的環境がある

【力・価値の欲求】

自分の強みを確立・発揮でき、それをきちんと承認され評価される

仕事に誇りが持てる

成長できる

【自由の欲求】

自己責任性が明確になっており、その範囲での「裁量権」が与えられている

【楽しみの欲求】

チャレンジでき、創意工夫が奨励されている

笑顔がある

【生存の欲求】

仕事に対する適正な処遇やリスクマネジメントなどが確立している

もちろん、これは一例であり、これ以外にも従業員の「欲求（インナードライブ）」を満たす方法はあるが、あなたの組織は、これらの要素をどれくらい兼ね備えているだろうか？

お金の欲求はあるか？

ところで、給料などお金は何の欲求なのだろうか？ お金こそがモチベーションの最大の要因だと思っている人も多い。

しかし、給料が高い会社がやる気に満ち溢れた会社ばかりかというと、必ずしもそうではない。給料は衛生要因なので、悪ければマイナス要因になるが、良くてもそれほどプラス要因にはならない。

実はお金そのものは欲求ではなく、お金は状況によって様々な「欲求（インナードライブ）」を満たす手段である。例えば、生活することが難しいような貧困にあれば、お金は生存の欲求を満たす手段である。だから、世の中が貧困な時代であれば、お金はモチベーションの大きな要因となる。こういう時代のマネジメントは簡単である。みんな食うために働くのだから。

しかし、現在の日本は、食べていくだけならあまり困らない時代である。だから、この時代ではお金は生存の欲求において、あまり機能しない。

一方、お金は時に評価の一形態になる。例えば、プロ野球選手が2億8000万円の年棒提示を呑まず3億円の年棒を要求しても、それは3億円ないと生活できないわけではなく、欲しいものがあってそれが3億円ないと買えないわけでもなく、3億円の「評価」が欲しいのだ。つまりこの場合、お金は力・価値の欲求を満たす手段である。

また、お金は時に人を自由にしてくれる。例えば、テレビでドバイの観光紹介を見て、「この夏休みにドバイに行きたい」と思っても、お金が無ければそれは実現しない。お金に余裕があると、やりたいことや楽しいことが自由にできるという側面がある。この場合、お金は自由の欲求や楽しみの欲求を満たす手段である。

仮に「給料をもっと上げて欲しい」と部下が言っても、実は求めていることや、その目的はさまざまである。だから、物事は常に「欲求（インナードライブ）」の観点で見ないと、その真意はわからないし、正しい対応策もわからない。

歪んだ欲求充足が組織を蝕む

社員のモチベーションが低い、依存型社員が多い会社は、社員の欲求充足が下手な会社だとも言える。

人間は「欲求（インナードライブ）」が満たせないと、モチベーションが下がり自律性が失われ、仕事は受身になってしまう。そして、それは周囲の人のモチベーションも下げ、周囲の人の仕事に負担をかけることにもなる。

だが、問題はそれだけではない。「欲求（インナードライブ）」を満たせない時間が長く続くと、どんな手を使っても満たそうとするので、結果として不健全な方法、歪んだ方法で欲求を満たすことがある。

例えば、海難事故で遭難した人が1週間以上も海を漂流しながら自分の尿だけを飲んで生き延びていたといったニュースがある。この人はおそらく普段はそういった行動はしていないだろう。何故なら、きれいな水もお茶もジュースも飲める環境にいるなら、そんなものを飲む必要がないからだ。でも、現実に海の上で、キレイな水もジュースも飲めない状況であれば、話は違う。このままでは、生存の欲求が満たせないので、なんとしても満たそうとして、普段はしない行動をしたのである。どんな手を使っても満たそうとして、自分自身を行動に駆り立てる。これが「欲求（インナードライブ）」の力である。

つまり健全に欲求を満たすことができれば、不健全で歪んだ欲求充足をする必要がないが、仮に健全に欲求充足ができない場合は、どんな手を使っても満たそうとするので、結果として不健全で、歪んだ形で欲求充足をしてしまう。

そして、これは生存の欲求に限らず、5つの欲求全てについて起きるのだ。

【欲求（インナードライブ）の特徴】

④人は「欲求（インナードライブ）」をどうしても満たそうとする。健全に満たさなければ、不健全に満たすこともある。

「欲求（インナードライブ）」を健全に満たせないと、どんなことが起きるか例をあげてみたい。

例えば、職場の人間関係が悪いと、コミュニケーションも満足に取れず、「愛・所属の欲求」を健全に満たせない。マザーテレサが「愛の反対は無関心」と言ったように、近くに人がいるのに、コミュニケーションを取れない関係は大変な苦痛である。コミュニケーションを取らないと人はその相手に不信感を持つようになる。だから余計に関わろうとしなくなる。どんどん孤立して寂しくなる。まさに悪循環である。

当然これでは、「愛・所属の欲求」は全く満たせない。でも、人はどうしても「欲求（インナードライブ）」を満たしたい。すると、中には次のように不健全な形で欲求を満たそうとする人もでてくる。

職場での欲求充足をあきらめて、職場以外の人間関係だけで欲求を満たそうとするのだ。すると、職場からどんどん関心が離れていき、仕事にも力を注ごうとしなくなる。

例えば、仕事で高い成果を出し、それをきちんと評価される、これは健全な「力・価値の欲求」の満たし方である。しかし、いくら頑張っても正当な評価を受けなかったらどうだろうか。あるいは、なかなか仕事で成果をあげることができなかったら、それが長期間続いたら、どうなるだろうか。当然これでは、「力・価値の欲求」は全く満たせない。でも、人はどうしても「欲求（インナードライブ）」を満たしたい。すると、中には次のように不健全な形で欲求を満たそうとする人もでてくる。

・部下や下請けの会社の人など、自分より弱い立場の人に対して高圧的に振舞うことによって自分を誇示する。

・何かと反抗的で自己主張ばかりする。

これらはいずれも、ビジネスパーソンとしては不健全な欲求充足だが、力・価値の欲求を満たすことができる。

あなたの部下や周りの人、あるいはあなた自身が不健全な欲求充足をしていることはないだろうか？放置しておくと、本人はビジネスパーソンとして、間違った方向に行ってしまうことがある。そして、周囲にも悪影響を与えてしまう。

さらにひどい場合には、次のような最悪の事態にも発展しかねない。

○チームの崩壊……従業員同士が疑心暗鬼な関係になり、協力体制が築けない。めいめいがバラバラに行動している。

○メンタルヘルスの悪化……精神的な病とは、歪んだ欲求充足が発展した状態とも言える。放置すると、鬱症状に進んでしまう危険性がある。

○問題行動……従業員による個人情報の持ち出しなどコンプライアンスに関わる問題行動も歪んだ欲求充足と言える。企業にとっては命運を左右するほどの重大な影響を及ぼす。

歪んだ欲求充足が企業にとって、いかに大きなリスクとなるかが、おわかり頂けるだろう。

良いチームを作るための「責任」とは

私たちは日々、自分の「欲求（インナードライブ）」を健全に満たさないといけない。そうしなければ、モチベーションが下がったり、不健全な満たし方を選んで問題行動を起こしたりする。

しかし、そのときに気をつけなくてはならないことがある。それは、自分が「欲求（インナードライブ）」を満たさないといけないのと同じく、他の人たちも「欲求（インナードライブ）」を満たさないといけないことである。

ところが、人間は自分の欲求を満たすために、他人の欲求の充足を阻害することがある。例えば、手っ取り早く「力・価値の欲求」を満たすためには、先ほどもあげたように部下など、自分より弱い立場の人に対して高圧的に振舞うことで満たすこともできる。しかし、これでは、自分は欲求充足できてモチベーションが上がっても、部下のモチベーションは下がり、問題行動を起こさせる可能性が生まれてしまう。

私たちは一人だけで仕事をしているわけではない。公式か非公式かは別として、社内外でチームを組んでいろんな人と関わって仕事をしている。だからこそ、他人の欲求充足の邪魔をしないで、自分の欲求を充足しなければならない。これが、良いチームを作るための「責任」である。

さらに、モチベーションの高いチームを作るためには、お互いが欲求を充足し合う関係（モチベーションパートナー）である必要がある。つまりｗｉｎ－ｗｉｎの関係である。

一見難しそうに見えるが、難しく考える必要はない。詳しくは第４章で解説するが、重要だが明日からでもできる「当たり前のこと」を実行すれば、モチベーションを高め合い協力し合う関係が築ける。

しかし、必ずしも「当たり前のこと」が「できている」とは言えないだろう。何故なら、多くの場合、知識としては知っていても、原理原則を理解していないため、その重要性を十分には理解していないからだ。だから、原則やメカニズムを知ることに効果があるのだ。

(3)人が自律して、自然と動き出す瞬間

人間は「欲求（インナードライブ）」を満たせると思う行動を選択し、満たせないと思える行動は自ら選択しない。先程も書いたが、この「思える」かどうか、つまりイメージできるか、できないかは、極めて重要である。

そして本人が「ああ、これはとても欲求充足できるなあ」と感じるイメージのこと、つまり大好きなイメージのことを「Ｗａｎｔｓイメージ」と言う。

Ｗａｎｔｓイメージとは

「欲求（インナードライブ）」は生きていくための機能だから、全ての人に等しく存在するが、Ｗａｎｔｓイメージは、人それぞれである。

例えば、朝ごはん、昼ごはんともに食べなかったとする。そうすれば、誰でも夕方になれば、おなかはペコペコである。これは生存の欲求なので、誰にでも存在するが、では、「何を食べたいか?」と聞かれれば人によって答えは違う。この場合、「食べたいもの」が

Ｗａｎｔｓイメージである。

　楽しみの欲求も誰もが持っているが、何をしている時にワクワクするかは人によって違う。ある人はサッカーをしている時が一番、ワクワクするかもしれない。ある人は好きな音楽を聴いている時かもしれない。あるいは、ある人は難しい仕事に出くわした時にチャレンジ精神を掻き立てられて最もワクワクするかもしれない。

　力・価値の欲求も誰でも持っているが、何によって満たしたいかは人によって違う。例えば、ある人は競争に勝つことで最も満たされる。こういう人はキャンペーンや勝負事の設定がなされると燃えるだろう。

　しかし勝ち負けでは全く欲求充足できず、人に役立ったという貢献感でこそ欲求充足できる人もいる。こういう人は勝負事では燃えない。顧客の喜びの声などを聞いた時に最も欲求が充足できモチベーションが高まる。

図⑬　Wants イメージは人によって違う

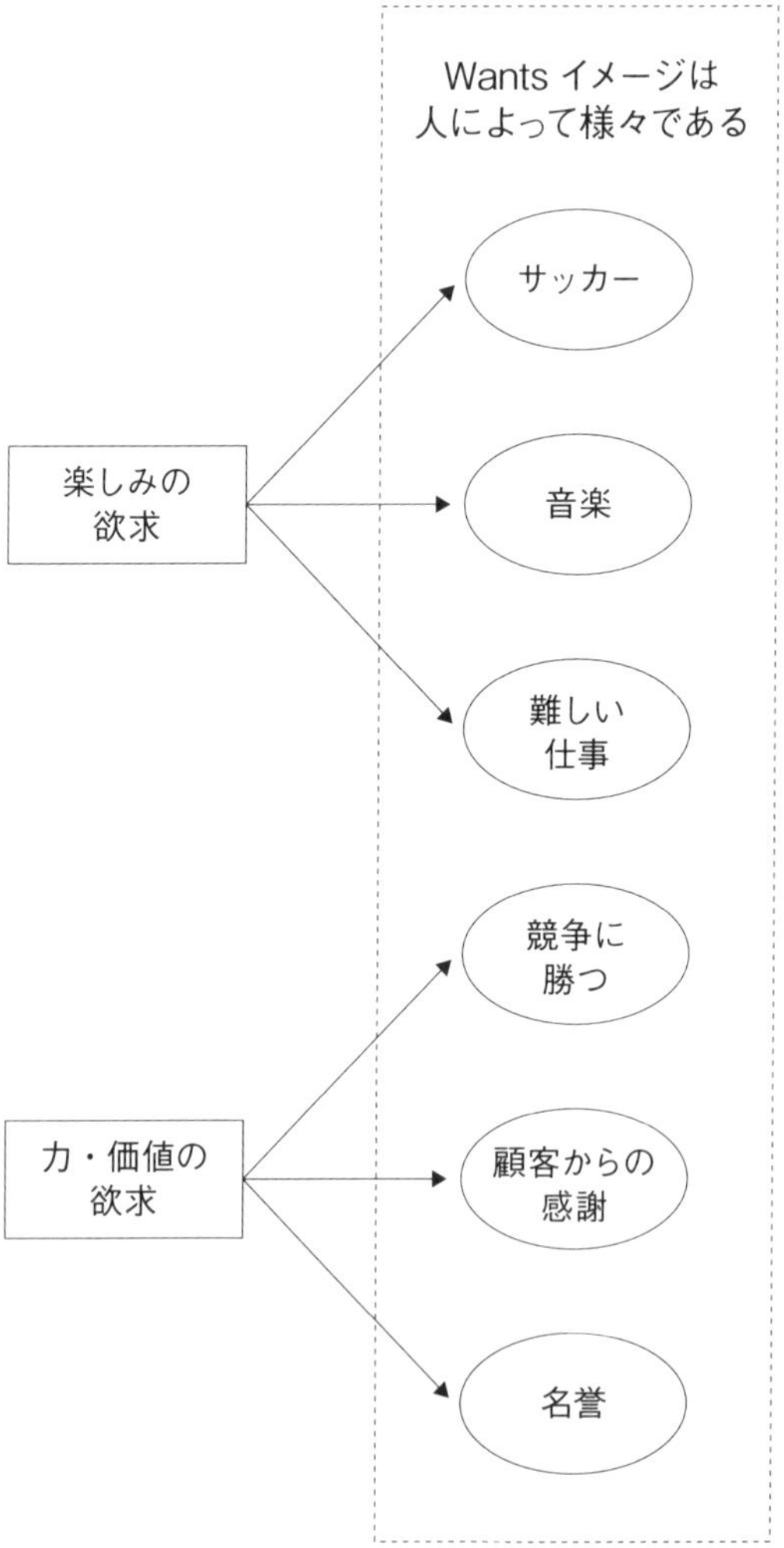

【Wantsイメージの特徴】
①「欲求（インナードライブ）」は人類共通だが、Wantsイメージは人それぞれ違う

Wantsイメージとは、人によって異なる「欲求（インナードライブ）」の満たし方の理想のイメージである。心底好きなもの、心底なりたい姿、心底ありたい姿、とも言える。

Wantsイメージには、様々なものが入っている。たとえば人、モノ、環境、理想像、価値観などなど。これはほんの一例であり、様々なイメージが存在している。

「人」で考えてみよう。私たちには、「愛・所属の欲求」があるので、人との関わりを求めている。しかし、それは誰でもいいわけではなく、多くの場合我々は具体的な「人」をイメージしている。「あの人」と仲良くしたい、と具体的な「人」がWantsイメージの中に存在しているのだ。

「力・価値の欲求」で考えても同様である。私たちは「認めて欲しい」という欲求を持っているが、相手が誰でもいいわけではない。後輩に「認められて」も、あまり嬉しく

はないだろうし、できれば尊敬するあの先輩やあの上司から認められたい、という風に具体的な「人」がＷａｎｔｓイメージの中に存在しているのだ。

例えば、「モノ」であれば非常にわかりやすい。誕生日に好きなモノを買ってもらえるとしても、欲しい「モノ」は人によって全く違うはずだ。Ｗａｎｔｓイメージに、それぞれ「モノ」のイメージがある。

あるいは、「価値観」で考えてみよう。例えば、私は「変化すること、先が未定のこと」が好きで、「安定していて、先がだいたい見えること」は退屈で嫌でたまらないが、私とは逆で「安定していて、先がだいたい見えること」が好きな人もいる。このように大切にしている「価値観」は人によって違う。私たちはそれぞれが、「好きな価値観」のイメージをＷａｎｔｓイメージの中に貼っているのだ。

Ｗａｎｔｓイメージに一般的な言葉として近いものは「願望」だが、厳密には違う。例えば、私は「カレーライス」が大好きなので、カレーライスが私のＷａｎｔｓイメージには入っているが、カレーライスを「願望」とは言わないだろう。

そして、重要なことは、人はＷａｎｔｓイメージが鮮明になるだけで、モチベーションが高まる。つまり、大好きなイメージがはっきりするだけで、モチベーションが上がるのだ。

逆に言うと、Ｗａｎｔｓイメージが不鮮明だと、モチベーションが高まらないのだ。

【Ｗａｎｔｓイメージの特徴】
②Ｗａｎｔｓイメージがはっきりするだけで、モチベーションが高まる

わかり易くするために、似たような現象をあげてみよう。

例えば、ウインドウショッピングをしていて、とっても素敵な服があったとする。「あれ、いいなあ！」と思う時、気持ちは高ぶる。まだ手にいれてない、買っていないにもかかわらず、「いいなあ」と思っただけなのに。

同じように、Ｗａｎｔｓイメージはまだ手に入っていなくても、実現していなくても、イメージが鮮明になるだけで、モチベーションが高まるのだ。

そして、Ｗａｎｔｓイメージには次のような働きもある。

【Ｗａｎｔｓイメージの特徴】
③Ｗａｎｔｓイメージがはっきりすると、それを手に入れようと自律的に行動する

このことをわかりやすくするために、人間を車に例えてみたい。面白いことに人の行動のメカニズムは車にたとえるとわかりやすいのだ。

車を動かしている原動力は「エンジン」である。人間という車にとって、「エンジン」に相当するものは「欲求（インナードライブ）」である。人は「欲求（インナードライブ）」を満たすために行動するからである。

例えば、ある工場に勤務している人たち全員が昨晩の晩御飯、今朝の朝ごはん、ともに食べていなかったとしよう。この状況なら、誰でもお昼には、おなかはペコペコである。これは生存の欲求である。昼休みになれば、早くゴハンを食べたいので、社員食堂に向かうだろう。

この時の行動の原動力は「腹減った。早く食べたい」という「欲求（インナードライブ）」である。このエンジンによって人は動く。

この社員食堂は和食、中華、洋食、ラーメンと４つのメニューで並ぶレーンが分かれてい

図⑭　Wantsイメージの効果

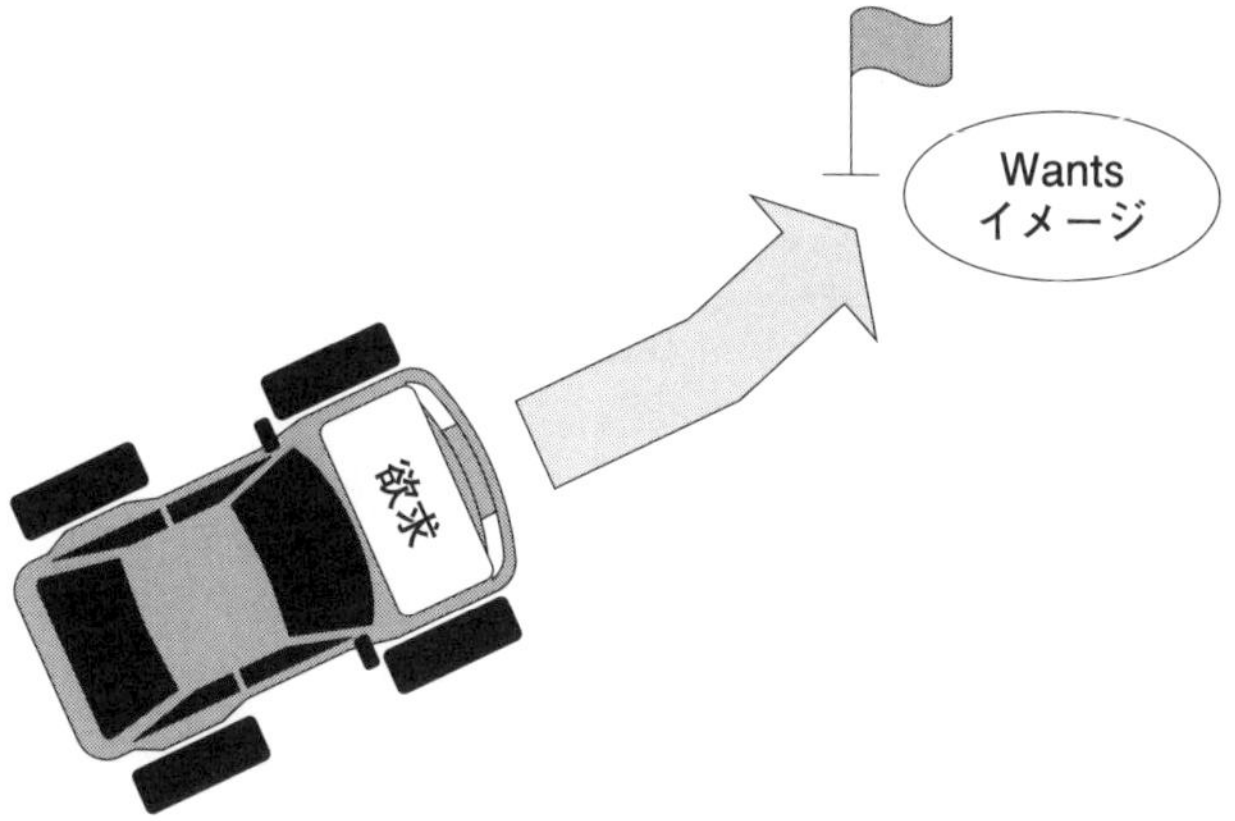

る。社員食堂に入るまでは皆同じだが、一旦食堂に入れば人によって行き先が分かれる。何故か？それは、食べたいものが人によって違うからである。

例えば、ある人は「今日は中華を食べたい」ある人は「今日は和食の気分だな」ある人は「ラーメン食べたい」……

「腹減った。食べたい」というエンジンによって人間という車は動くのだが、何によってそれを満たしたいのか、理想の満たし方の方向は人それぞれなのだ。この自分が望む欲求の満たし方がＷａｎｔｓイメージである。

車にたとえれば、行動の方向性を示すもの、カーナビの目的地をＷａｎｔｓイメージと言えるだろう。

しかし、人間は普通の車とは違い、特別優秀な機能を持っている。それは、カーナビの目的地を設定すれば、人という車は自動的にその目的地に向かって進んでいくということである。

つまり、人間はＷａｎｔｓイメージが鮮明になれば、他人にとやかく言われなくてもモチベーションが高まり、自律的にそのＷａｎｔｓイメージを手に入れよう、実現しようとして行動するのだ。Ｗａｎｔｓイメージが鮮明ということは、「欲求（インナードライブ）」の理想的な充足方法がイメージできているということだ。つまり「欲求（インナードライブ）」が満たしやすくなるのだ。人は「欲求（インナードライブ）」を直接満たすのではなく、自分のイメージするものつまりＷａｎｔｓイメージを実現することで満たすのだ。

逆を言うと、自律的な行動ができていないということは、Ｗａｎｔｓイメージが鮮明でないからだ。

ここで話をわかりやすくするために、私の知っているある販売会社の二人の人物を紹介しよう。

その販売会社はいわゆる完全歩合制の会社である。その会社の営業マンである二人の人物は、Ｗａｎｔｓイメージの重要性を知る上で、大きな示唆を与えてくれる。

ここでは、もちろん仮名だが、一人を野沢さん（33歳）、もう一人を高井さん（38歳）としよう。

二人は7年前の同じ月に入社した。年齢は違うが、同期である。

野沢さんは元広告代理店のトップセールスマンで、高井さんは元ハウスメーカーのトップセールスマンである。二人とも、この業界の知識は全くなく素人である。そして、同じ商品を同じ地域で同じ年数、売ってきたのだ。

初年度の成績は似たり寄ったりだったらしい。しかし、7年目となる今年の成績を比べると、驚くほどの差がついていた。

野沢さんは、33歳にして、なんと1億３０００万円もの年収になっているのだ。

一方、高井さんはというと、１００万円にも満たない年収なのだ。

この違いは何だろう。何故ここまで差が広がってしまうのだろう。もちろん、今となっては、人脈もノウハウも大きな差はあるが、わずか7年前は違いはほとんど無かったのに。この違いを生んだ原因こそが、Ｗａｎｔｓイメージの違いである。Ｗａｎｔｓイメージは、大好きなイメージ。欲しくて欲しくてたまらないイメージ。なりたくてなりたくてたまらないイメージである。

野沢さんは、どんなイメージを持っていたのだろう?彼は、本気で「業界を代表するトップセールスマンになりたい」というイメージを持っていた。いつも、そのことばかり考えていて、野沢さんと話すといつも結局はその話になった。こうなると上司や他人がと

図⑮　Wants イメージの効果

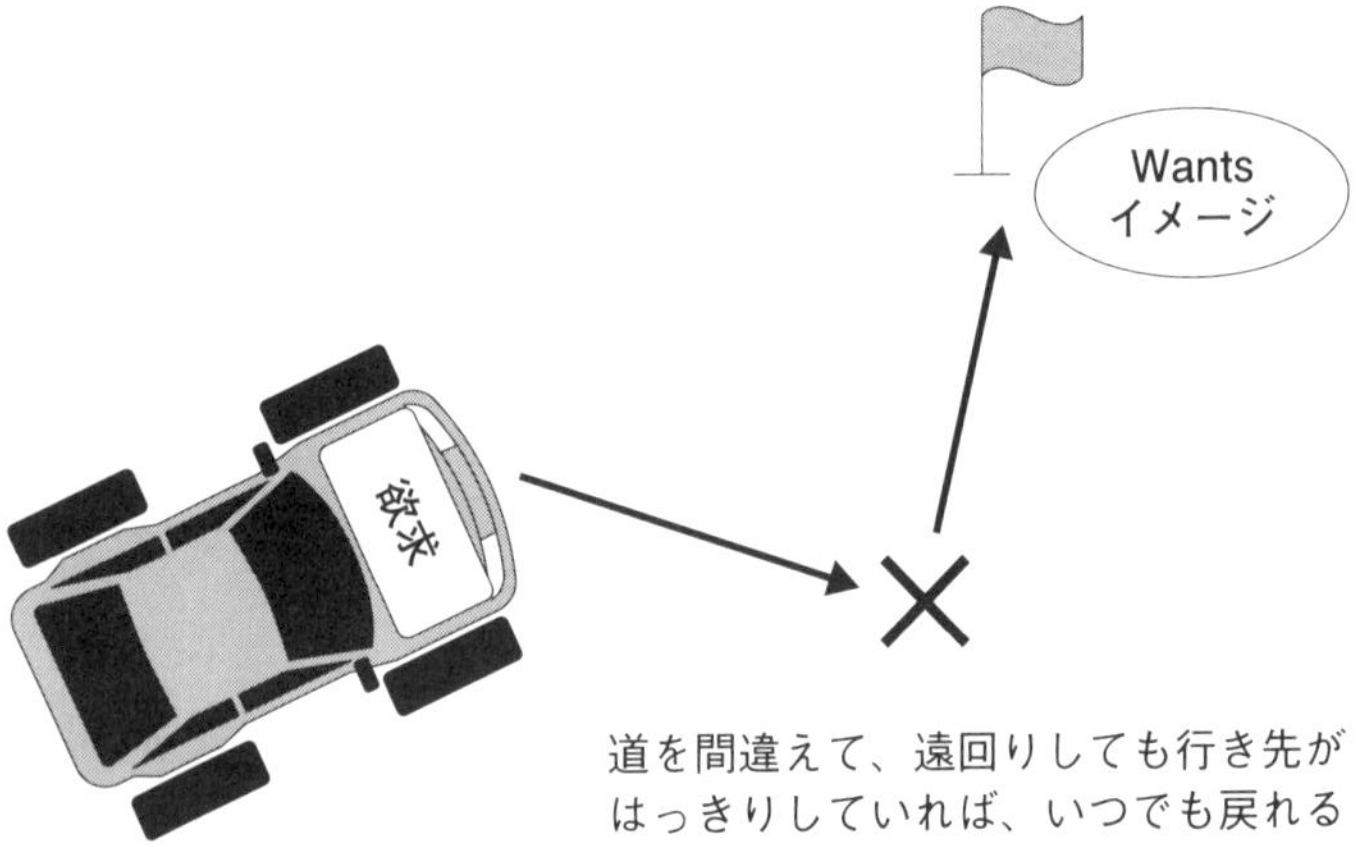

道を間違えて、遠回りしても行き先がはっきりしていれば、いつでも戻れる

やかく言う必要は全くない。そのイメージは会社や上司が押し付けたものでなく、野沢さん自身が心底望んでいるイメージだからである。彼はWantsイメージの実現に向けて自然と行動しているのだ。

もちろん、やり方を間違えて遠回りすることもあったらしい。でも、車のナビと同じように、行き先さえはっきりしていれば、修正ルートを描くことは難しくない。どれだけ時間がかかるかは別とすれば、彼は着実にそこに向かって行っているのだ。

問題は、高井さんである。高井さんはどんなWantsイメージを持っているのか？

それは意外なものであった。高井さんは、「今のライフスタイルを続けたい」と思っているのだ。今のライフスタイルとは、時間が自由なことである。この会社は完全歩合の厳しい制度がある反面、結果を残せばやり方は問わないという考えのもと、時間の拘束が極めて緩いのだ。それをいいことに、結果を残していないにもかかわらず彼は毎日、３時や４時には、もう家に帰って仕事をサボっているのだ。そんな時間に帰って何をするかと言うと、子供と遊ぶのだ。前の仕事が家庭での時間がほとんど取れなかったことの反動もあり、彼はこのライフスタイルがとても気に入っているのだ。もちろん、公の場では決して話さないことであるが、彼の本音なのだ。彼に、「もっと成績上げたくないの？」「もっと給与欲しくないの？」と聞けば、「そりゃ、思うよ……」とは言うものの、決してＷａｎｔｓイメージと呼べるほど、強く強く願っているものではない。彼が本音で願っているのは「今のライフスタイルを続けたい」ということであり、「その上で、もっと給料が上がらないかな……」程度には思っているのだ。

二人は、既にＷａｎｔｓイメージを実現しているとも言える。会社の評価は１８０度逆の二人だが、個人的には「二人とも成功者である」という言い方さえできる。何故なら、Ｗａｎｔｓイメージが実現するということは、最も「欲求（インナードライブ）」充足ができることであるからだ。

しかし、高井さんの上司はこういった視点が無いため、高井さんが成果を出せていないのは、スキルが足りないからだと思っているのだ。

図⑯　行き先を変えないと到着しない

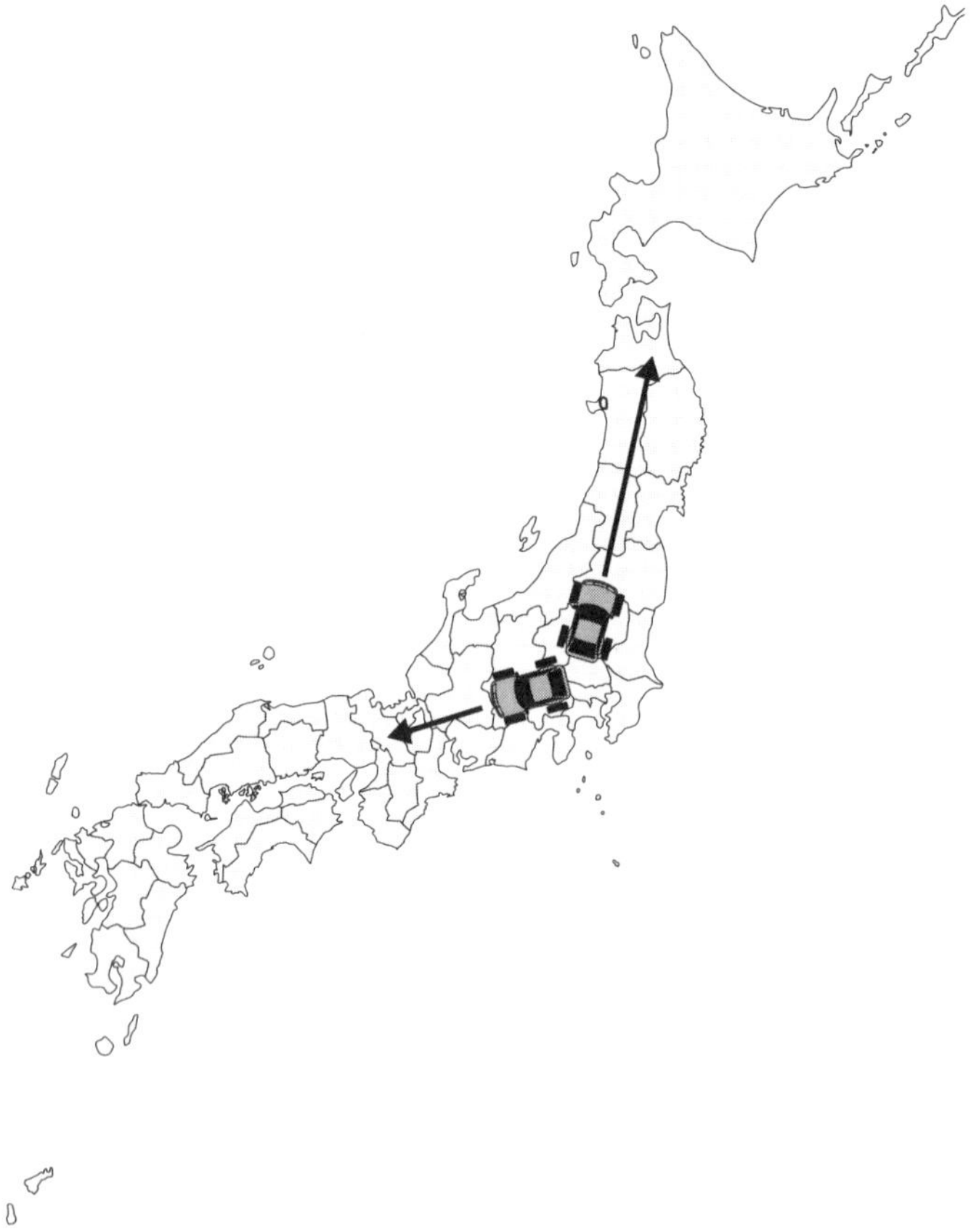

だから、朝早く出社させてロールプレイをするなど、スキルのトレーニングを一生懸命やるのだ。もちろん、トレーニングをすることはいい事だが、なかなか成果には結びつかない。その理由は次のようにたとえることができる。

職場の皆が車を運転して社員旅行に出かけたとする。行き先は京都である。皆が東京から京都を目指して車を走らせているのに、高井さん一人だけが、青森を目指して運転しているようなものだ。

その高井さんに対して、「高井さんが京都に着かないのは、運転スキルが足りないからだ」と言って運転スキルを向上させる練習をしても、青森に向かっている高井さんが京都に着くことは決してない！この場合は、行き先を変えるしかない！

つまり、仕事の成果は、どんなＷａｎｔｓイメージを持つかでかなりの部分が決まってしまう。いや、人生のかなりの部分が決まってしまうと言ってもいい。Ｗａｎｔｓイメージにはそれぐらいの影響力がある。

行き先の無いドライブに出るな

一方、モチベーションが高まっていない人、自律的な行動をしていない人を見てみると、ナビの目的地を決めていないケースも多い。つまり、Ｗａｎｔｓイメージが不鮮明で自分でもよくわからない、といった状態になっている。

「何が好きなのか？」「どうなりたいのか？」「どうしたいのか？」が曖昧として自分でもよくわからないのだ。

これでは、行き先の無いドライブに出るようなものである。車庫を出たものの、行き先が無いのだ。

だから、家の周りをぐるぐると回っているだけかもしれない。それでも、本人は困らないのだ。行き先が無いのだから。そういう無目的で効果の無い日々を送ってしまっている人は決して少なくない。

では、どうすれば良いのだろうか？ナビの目的地を設定する必要がある。つまりＷａｎｔｓイメージを鮮明にすることだ。

ではそもそも、何故Ｗａｎｔｓイメージが不鮮明なのか？それは、考えていないからだ。

図⑰　行き先を決めないと前に進めない

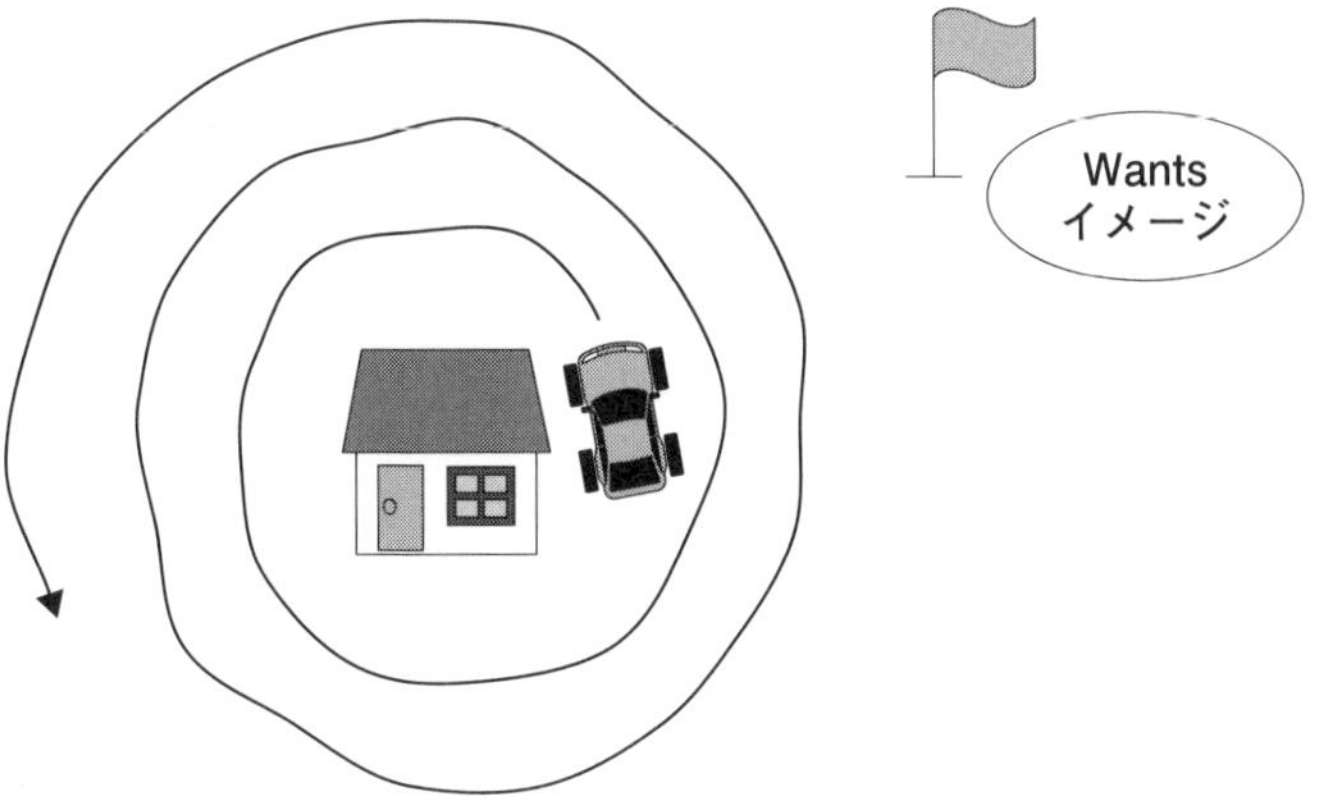

Ｗａｎｔｓイメージは考えない限り、決して鮮明になることはない。

では、部下のＷａｎｔｓイメージを鮮明にするには、どんな支援ができるだろうか。最も効果的な方法は問いかけることだ。つまり部下に質問をするのだ。

人は質問されると考える。もちろん、１回質問されてすぐに鮮明になることは無いが、繰り返し質問をされて考えることを続けると、徐々に鮮明にしていくことができる。

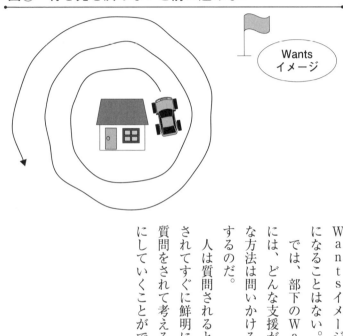

部下の行き先を知っているか？

あなたの部下という車は、Ｗａｎｔｓイメージに向かって疾走している。あるいは、自宅の周りをぐるぐる周っているばかりかもしれない。

だから部下指導する時に、部下がどこへ向かって走っているかを知っていて指導するのと、知らずに指導するのでは、その効果に天と地ほどの違いがある。これを知らないままの指導は、悪く言えばあてずっぽうの指導である。

では、あなたはどれくらい部下のＷａｎｔｓイメージを知っているだろうか？

ほとんどの管理者や経営者は、まず知らない。何故なら、ビジネス上の会話をするだけでは、相手のＷａｎｔｓイメージを伺い知ることはできないからだ。では、どうやって知ればいいかは、次章で述べてみたい。

鮮明なのに、自律的に行動しない人

図⑱

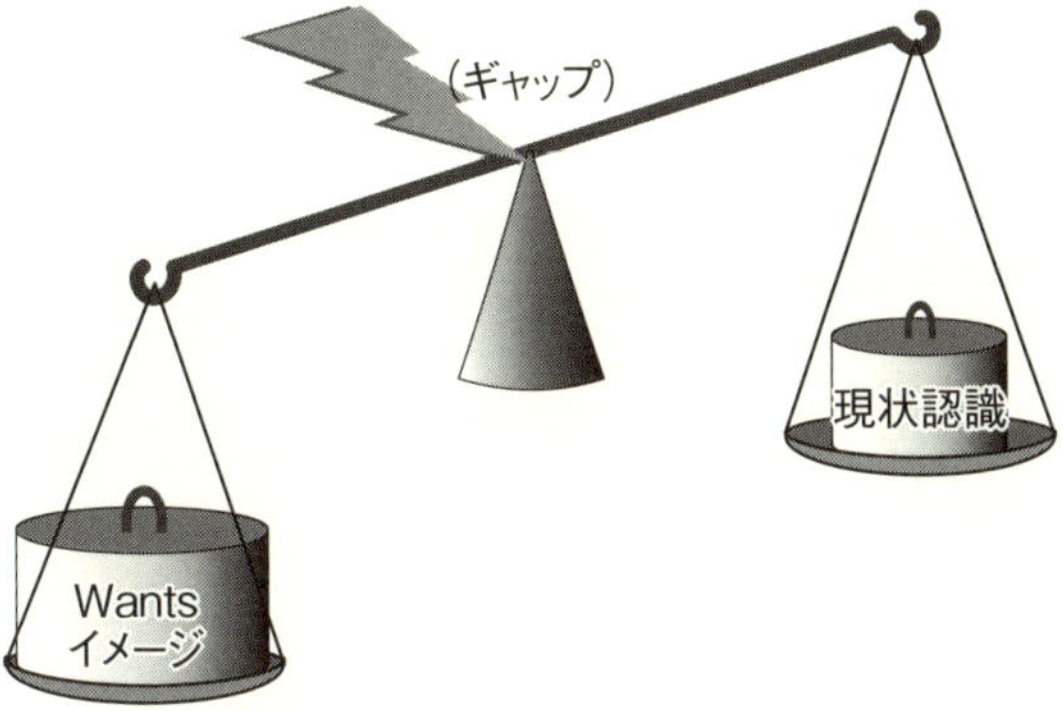

不思議なことに、Ｗａｎｔｓイメージが鮮明なのに、自律的に行動しない人がいる。たとえば、先ほどの高井さんがそうだ。どうしてだろう?

この天秤の図は、「Ｗａｎｔｓイメージ」と「現状認識」を比べている。たとえば、Ｗａｎｔｓイメージが大きなことを願っているのに、認識している現状が大した努力をしていない、とすれば釣り合いがとれない。釣り合わないと、天秤が傾き、ギャップが起こる。この天秤が傾いた瞬間は、Ｗａｎｔｓイメージつまり「自分が心底願っていること」が手に入らないことに気づいた瞬間である。そうすると、フラストレーションが出ると同時に「なんとかしたい」というモチベーションが発生し、自律的に行動を開始する。

【ギャップの特徴】
「Ｗａｎｔｓイメージ」と「現状」とのギャップを感じると、モチベーションが高まり、自律的に行動する

ところが、先ほどの高井さんはＷａｎｔｓイメージが現状維持だから、何にも努力をしなくても、常に天秤は釣り合っている。だからギャップが起きない。そうすると、モチベーションも高まらず、自律的な行動もしないのだ。

この場合、モチベーションを高め、自律的な行動を引き出すには、ギャップを作り出す必要がある。

「欲求（インナードライブ）」は先天的、Ｗａｎｔｓイメージは後天的

「欲求（インナードライブ）」のプロフィール（強弱）は生まれ持ったものなので、変わらないが、Ｗａｎｔｓイメージは生まれてからの経験で身に着けてきた後天的なものである。

つまり、「欲求（インナードライブ）」の強弱を変えることはできないが、満たし方を変えることはできる。例えば、10代の頃は脂っこい焼肉が好きだった人でも、50代になればあっさりしたものが好きになるように、Ｗａｎｔｓイメージは変わるのだ。

学生の頃は、自由で怠惰な生活が好きだった人が、社会人として成長するにつれて、セルフコントロールした「規律正しい生活」を好きになることもある。Ｗａｎｔｓイメージは変わるのだ。

第4章

人と組織を自律させる方法

（1）職場で社員の欲求を満たす

欲求を満たせるように指導する

日本人は、欲望を抑えることを美徳として生活してきた。だから「我慢」は正しいこととされている。

誤解して欲しくないのは、ここで言う「欲求（インナードライブ）」といわゆる「欲望」は別物である。

「欲望」とは不健全で歪んだ形での「欲求（インナードライブ）」の満たし方である。だからこれは良くない。しかし、「欲求（インナードライブ）」自体は我慢してはならない。「欲求（インナードライブ）」を健全に満たすことがモチベーションを高め、自律につながるからである。

このことの好例を紹介してみよう。

あるアルバイト社員の告白

「実は、ただ働きをしているんです」

ある外食店のアルバイトをしている学生に話を聞いたとき、こんなことを言ったので驚いたことがある。

不思議に思って聞いてみると、彼女は本来は夕方が勤務時間のために朝は時給が出ないにもかかわらず、ときどき朝早く出て通勤客にチラシを配ったり、夕方早めに出勤して店内のポスターを描いたりしているのだという。

さらに「なぜ、そんなことやらされているの。やる必要ないんじゃない?」聞いてみると、彼女は「頼まれたわけではなく、好きで勝手にやっているんです」と答えた。続けて、「でも、時給がもらえないといやでしょ?」と聞いたところ、「いえ、楽しいです」と言うのだ。そこで、さらに聞いてみると「店長もほかの従業員もいい人で、雰囲気が温かく、店に行くとほっとするんです。仲間に会いに行く感じです。だから、試験でしばらく行けないと寂しいですね」と答えた。

この話は、人間の自律を考える上で示唆に富んでいる。一般的には、アルバイトと雇い主の関係はドライで、会社へのロイヤリティも社員に比べれば当然高くはない。言われたことしかやってくれない。言われたことをきちんとやってくれたら御の字だ。

しかし、彼女はお金のためではなく、店の役に立ちたいと本心から思って自律的に行動している。それは、「欲求（インナードライブ）」が満たされるからである。

まず彼女は、愛・所属の欲求が満たされ、店の人たちを仲間と感じ、その関係を気に入っている。

「店長が自分の仕事をよく見ていて、新しいことができるようになると、すかさず『上手くできるようになったな』と認めてくれて、『じゃ、次、これやってみようか』と、新たな課題を出してくれるんです。だから、認められている感じがして嬉しいんです。このバイトで私、成長してるなとも思えるんです」

この話からも、彼女の「力・価値の欲求」が満たされていることがわかる。

さらに、「私、イラストが得意だから、ポスターのデザインは全部任せてもらってて、自分のアイディアで好きなように描いてるんです」と嬉しそうに語ることから、「自由の欲求」が満たされていることがわかる。「仕事が終わった後に、みんなでカラオケに行ったり、よくイベントがあり楽しいんです」と語るように、「楽しみの欲求」も満たされている。

つまり、彼女にとって、このアルバイトは時給を稼ぎに行く以上に、「欲求（インナードライブ）」を満たしに行く場となっている。「欲求（インナードライブ）」が満たされれば人はモチベーションが高まり、自律的に行動することを示す好例である。

このように、「欲求（インナードライブ）」を満たすことは、モチベーションを高め自律的な行動を引き出すのに、最も効果的な方法である。

では、次に各欲求別に職場でのよくある状況や、うまく満たしている例、上手な満たし方などを紹介してみたい。

職場における愛・所属の欲求の満たし方

職場において、とりわけ重要なものが「愛・所属の欲求」である。

何故なら、この欲求は他の「欲求（インナードライブ）」と密接に関係しているからである。たとえば、「力・価値の欲求」を満たす時、相手があることが多い。例えば、「認めて欲しい」という気持ちの時、認めて欲しい特定の人物がいる場合が多い。そしてその相手とは親しい関係でいたいと思うものだ。これも「愛・所属の欲求」だ。「楽しみの欲求」を満たす時、多くの場合、誰かと楽しみを共有したいと思う。

仕事に役立ち、しかもとても面白い本を読んだ時、それを他人と共有したいと思うものだ。これは「愛・所属の欲求」だ。つまり、「愛・所属の欲求」が満たせると、同時に他の欲求も満たせる。逆に「愛・所属の欲求」が満たせないと、他の欲求も満たせなくなってしまうのだ。

1．組織力は愛・所属の欲求から生まれる

もう一つ「愛・所属の欲求」が重要な理由は、この欲求が無ければ、チームワークは存

在しないからだ。

自分に与えられた仕事は真面目にこなすが、チームやプロジェクトのために自律的に仕事を見つけだしての貢献まではしない人は案外多い。

そういう人が多い組織では、担当と担当の隙間にある仕事は抜け落ちてしまう。この原因はメンバーが「愛・所属の欲求」を健全に満たせていないからである。

また、「欲求（インナードライブ）」には人によって強弱があると以前に書いたが、「愛・所属の欲求」の弱い人はチームワークを重視しない一匹狼タイプであることが多い。例えば、その組織の長がそういうタイプだと、その組織における人間関係にあまり配慮することがない。また、メンバーが「愛・所属の欲求」が弱いタイプだと、周りと協調することに関心が薄く、個々人がそれぞれ好き勝手に行動したがる。もし、「愛・所属の欲求」が極端に弱くて「自由の欲求」が極端に強い人だと、チームプレーを無視して自分勝手な行動に出る可能性もある。

しかし、どんなに「愛・所属の欲求」が弱い人であっても、欲求自体は持っているので、まったく関わりがなくなると、欲求は満たせなくなる。

例えば、技術者には、「愛・所属の欲求」が弱い人が比較的多いので、コミュニケーションが希薄になりがちである。その結果、協調して仕事を進めることができず、組織力が上がらないことがある。そして、その結果ますます「愛・所属の欲求」が満たせなくなり、様々な弊害が起きている。先ほども述べたように、モチベーションの低下や自律的行動の減少だけでなく、健全に欲求充足できないことで、メンタルヘルスの面で障害を持つ人が増えているのだ。欝症状はまさに、その重症なケースである。ＩＴ業界の技術者に欝が多いのは、やはり人とのコミュニケーションが少ないことも大きな要因の一つと言えるだろう。

反対に、「愛・所属の欲求」が強い人はチームワークや人の和を重視する。例えば、その組織の長がそういうタイプだと、組織の人間関係を重視する。また、「愛・所属の欲求」が強いメンバーは仲間との関係を大切にする。積極的に他のメンバーと関わり、協調しようとする。だからもし、職場の人間関係が希薄だったり、連帯感を感じられないと、欲求充足できずモチベーションが低下し、自律的な行動をしなくなる。

そして、実際の職場には、「愛・所属の欲求」の強い人も弱い人も様々な人がいるものだ。だから、一律的なマネジメントではうまくいかないだろう。

2.「愛・所属の欲求」が満たしにくい職場環境

「愛・所属の欲求」が存在するから、人は（他）人との関わりを求める。それがチームワークや一体感を形成する原動力となっている。ところが、最近この欲求が充足しにくい環境が増えている。

○個人主義の台頭……自分のことしか考えない社員が増えている。皆が自分の領域のことしかしようとしないので、境界線の仕事を誰もフォローせず、抜け落ちてしまう。この原因には、一つは過度の成果主義の弊害があると言えるだろう。自分の成果とみなされない仕事はやろうとしない。皆、自分の成果をあげることに精一杯で、周りを気遣ったりする余裕がない。そのことが、関係性を希薄にし「愛・所属の欲求」を満たしにくくしている。

○序列の崩壊……今や年上の部下、年下の上司はさほど珍しくはないが、お互いにどう付き合っていいかわからないため、結局あまりコミュニケーションを取らず、関係が希薄になっているケースは多い。

○雇用の多様化……職場の中に正社員、契約社員、アルバイト、派遣社員と様々な立場の人がいる今の職場では、なかなか関係が難しいと感じている人が多い。よく見られる現象として、正社員は正社員だけ、契約社員は契約社員だけといった感じで、グループ化してしまい、垣根を越えたコミュニケーションがあまり取れていないことがある。

○コミュニケーション能力の欠如……最近の若い社員は、育ってきた家庭で一人っ子が多かったり、昔と違い年齢が離れた子供たちと一緒に遊んできた経験などが少なく、同質のタイプの人としかコミュニケーションを取れない人が増えている。だから、上司が飲みに誘っても来ない人が多い。

○メール文化……メールでも、もちろんコミュニケーションは取れる。しかし、情報を伝達することはできるが、気持ちを伝えたり共感すること等では限界がある。メラビアンの法則という有名な話がある。コミュニケーションにおいて、相手に与える影響を調べたものだが、「話の内容」が7％、「話し方」が38％、「表情・態度」が55％と言われる。

実に93％が「話の内容以外」になる。そしてメールが伝えることができるのは、「話の内容」だけである。もちろん、行間の使い方や絵文字で、「話の内容以外」を伝えようとすることはできても、それは自然と伝わるものではなく、極めて操作的なものであり、相手もそれがわかっているので、対面のコミュニケーションで伝わるものとは全く違う。

3．日本的慣習の復活が鍵か？

また、バブル崩壊後に日本企業においては、社員旅行、社員運動会、寮・社宅などの福利厚生は経費削減と同時に企業が提供する合理的理由が無いとして次々に廃止された。しかし、この時「欲求充足」という観点は当然ながら全く入っていなかった。コストの点では問題はあったが、実はこれらの施策にも大きな意味があったのだ。

また、企業スポーツも多くが廃部になったり衰退した。企業スポーツの最大の効果は同じチームや選手を共に応援することにより、「愛・所属の欲求」を満たし、連帯感を作ることであった。

だから、ここに来て今伸び盛りのベンチャー企業が社員旅行に熱心だったり、社員運動会を実施したり、スポーツチームを持ったり、スポンサーになったりしている。

また、飲ミニケーションもすっかり少なくなったと言われるが、最近オフィス内にバーコーナーを作るベンチャー企業も出てきている。

これらは、「愛・所属の欲求」をお互いに満たすことで、組織に一体感を持たせ、団結するためだ。若年層の早期退職を防ぐ意味もあるだろう。

面白いところでは、今、世界で最も注目されている企業であるＧｏｏｇｌｅでは、つい最近まで全世界の社員で社員旅行を行っていたらしい。なんと３０００人の規模までは、全社員でスキーに行ってたらしい。世界最先端の企業が意外なことに日本的な取り組みをしているのだ。

4．愛・所属の欲求が満たしやすい風通しの良い風土

私がかつて所属していたリクルートでは、上司も部下もお互いに「さん」づけやニックネームで呼んでいた。創業者の江副社長（当時）でさえも、「江副さん」と呼ばれていたし、江副さんは新人の私に対しても「真田さん」と気軽に呼んでくれた。「さん」で呼び合う企業は今でこそ珍しくないが、その当時では画期的なことだったと思う。

序列が崩壊し雇用が多様化している現在の企業においては、かなり有効だと思われる。

昨日まで後輩だった人間に「佐藤部長」と肩書きで呼ぶことはかなり抵抗感があるし、逆に上司となった佐藤部長としても、昨日までの先輩を「真田君」とは言えない。それなら最初から、お互いに「さん」づけで呼んでいれば、立場が入れ替わっても、何も問題がない。お互いが等しく「さん」と呼び合い、ひとりの人間として尊重し合えることは、正社員、契約社員、派遣社員、アルバイトと様々な雇用形態の人が変に距離をとらず付き合うことにも役に立つのだ。

そういえば、当時からリクルートでは従業員の約半数がアルバイト契約（A職と呼ばれていた）であり、正社員と全く同じ仕事をしていた。新人はA職さんから仕事を教わり、先輩として尊敬していた。

肩書きや立場を強調せず、一人ひとりが人間として尊重し合える風通しの良い職場は

「愛・所属の欲求」を満たすうえで非常に効果的である。

５．ある工場での出来事

あるメーカーに勤めている方から、面白いことを聞いた。その工場では、従業員の離職率が高く、問題となっていた。聞いてみると理由の一つに、職場環境があるようだ。クリーンルームで防塵服やマスクをして仕事をしているので、直接会話を交わすことができないのだ。自然とコミュニケーションを交わす機会が少なくなり、「愛・所属の欲求」が阻害されてしまうのだ。

ところが、あるマネージャーの管轄する現場だけが、他の現場に比べると離職率が低いのだそうだ。どこに違いがあるかと調べてみたら、そのマネージャーのこんな工夫があったらしい。彼はクリーンルームの外から、従業員に向かってジェスチャーゲームの要領で熱心に語りかけているのだ。

要するに、言葉でなくジェスチャーでコミュニケーションを取っているのだ。もちろん、言葉に比べて伝えることができることは限られているだろう。でも、問題は内容ではなくて、懸命にコミュニケーションを取ろうとしていることだ。「私のことを気にかけてくれている」こう感じることで、「愛・所属の欲求」を満たすことができるのだ。

6. コミュニケーションは量と質が重要

愛・所属の欲求を満たすには、おわかりのようにコミュニケーションが最も重要である。上司が部下と日頃あまり会話をしていないのなら、まず上司から部下に気軽に声をかけることである。それも業務上の会話に限らない。業務上の会話以外は必要がないし、無意味な時間だと思う人もいるかもしれないが、それは違う。雑談にも愛・所属の欲求を満たすという意味があるのだ。

またメンバー同士であまり交流していないのなら、まずメンバー同士が集まって交流する機会を作ることである。例えば、同期や同じような悩みを持つ人を集めて、課題や悩みを共有する機会を提供するのだ。人間は面白いもので、「なんだ、こんな事で悩んでいるの、私だけじゃないいんだ。皆も悩んでいるんだ……」と思っただけで気が少し楽になる。悩みそのものが解決したわけではないのに、少しホッとしたような気分になるのは、愛・所属の欲求が満たされたからである。自分は一人じゃない、仲間がいる。この思いが欲求を満たすことになる。

これらは、コミュニケーションの量の解決である。人は接触頻度が多いと相手に好意を持つ。反対に接触頻度が少ないと、相手のことをなかなか信用しないし、疑心暗鬼になることさえある。だから、こまめにコミュニケーションをとることが必要である。これはわかりやすいし、比較的簡単である。

しかし、問題はコミュニケーションの質である。例えば、部下に気軽に声をかけたはいいが、それが一方的な説教だったらどうだろうか。あるいは、メンバー同士で集まったはいいが、皆が自己主張ばかりしていたらどうだろうか。これでは、愛・所属の欲求は全く満たせない。この場合、コミュニケーションの質を改善する必要がある。

7. コミュニケーションの本当の意味

ここまで、「愛・所属の欲求」の満たし方として、主にコミュニケーションの取り方について書いてきたが、ここでコミュニケーションの本当の意味を考えてみたい。

英語のコミュニケーションはラテン語の communico という動詞から来てるらしいが、communico には「共有する」「ひとつにする」という意味があり、英語では「share」に相当する。つまり、コミュニケーションは単なる情報共有ではない。お互いを分かち合い、意味を共有し、一致を目指すことである。つまり、形だけのコミュニケーションではなく、相手に関心を持ち相手を知ろうとすることでお互いを分かち合う必要がある。そのためには、一方的ではなく双方向のコミュニケーションが不可欠である。そして、言葉尻だけでなく、相手が何を伝えたいか意味を共有する必要がある。そのことによって「愛・所属の欲求」を満たし合い、一致を目指し、組織力を高めていくことになるのだ。

8. ツールの工夫

Face to Faceでコミュニケーションを取ることが、「愛・所属の欲求」を満たすうえで、最も重要だが、残念ながら、実際の職場では物理的な限界もある。部下の数が多かったり、客先に行っていることが多くて、なかなか顔を合わせる機会がないこともある。その場合は、それを補うツールが必要となる。昔からあるのが、社内報である。

私の古巣リクルートは社内報を有効活用していることで有名だが、社内報「かもめ」の編集長を長年務めた福西七重氏が設立したナナ・コーポレート・コミュニケーションの同社10周年記念セミナーで、創業者の江副浩正氏が社内報の効能について語っている。

「リクルートのDNA」という江副氏の著書にもあるが、現在、リクルートグループ出身者が社長を務める上場企業は20社近くに上る。人材輩出企業となった背景にリクルートの「社員皆経営者主義」、そしてそれを具現化したプロフィットセンター（PC）制がある。これは社内にプロフィットセンター（PC）という名の小さな会社（もちろん擬似的）を数多く作って、社長の役割を担うPC長には大幅な権限を与え、同時に高い成果を求めるというものだ。PC長同士は協調的に競い合う。こうした仕組みによって、社内に経営者が育っていったと言う。ところが、連邦制を進めるとコミュニケーション上の問題が生じる。

「そうすると会社がバラバラになってしまうんです。そうならないように、社内報を作ってきた」

つまり社内報の目的は、会社の情報を共有し、愛・所属の欲求を満たし、一体感を醸成すること。

「20に制限したが、削っても削っても社内報が増える。地区とか事業部とか。放っておいても社内報が増えるという会社も珍しい」

内容も会社からの発信だけでなく、良い仕事をした人の特集など個人にフォーカスしたものも多く、さらに趣味や現在興味あること、自分のタイプ分類など個人情報を数多く掲載した社員名簿なども相まって社員同士の結びつきを強くした。

このおかげで直接会ってもいないけれど、「よく知ってる」という人も多くいた。逆に、話したこともないのに、私のことをよく知っていてくれた人もいる。

また、社内報にも関わらず会社への批判も平気で載っていて、社員一人ひとりの生の声が伝わり、効果につながっていたと思う。

また最近ではイントラネット、メーリングリスト、ブログ、ＳＮＳなどのデジタルツールも多く導入されている。これらのツールの良さは即時性があること。一度に多くの人とコミュニケーションがとれること。検索性があり、同じ属性の人とコンタクトをとりやすいことなどである。日々忙しくて、なかなか顔を合わせることが出来ない中、こういったツールはうまく使えば「愛・所属の欲求」を満たす上で効果的である。しかし、あくまで補完ツールであることを忘れてはならない。

9. オフィスの工夫

「愛・所属の欲求」を満たすうえで、デジタルツールは補完ツールであり、アナログのコミュニケーションが本流である。その意味でオフィスは大きな影響力を持っている。オフィスのありようによってはコミュニケーションが取り易くもなり、取りにくくもなるからだ。

例えば、一人ひとりが独立したスペースで働くことは集中を高め効率が上がるが、反面コミュニケーションが取りにくくなる。また、通常は仕事のチームや部署ごとにデスクを固めて配置するが、反面他のチームや部署のメンバーとコミュニケーションすることが少なくなる。コミュニケーションが減れば、お互いに「愛・所属の欲求」が満たせず、お互いに協力しようという気持ちが薄れ組織力が低下してしまう。

そんな中、意外な場所がコミュニケーションを活性化させている。それは喫煙スペースだ。どの企業も禁煙化が進み、社内での喫煙スペースは限られている。そうなると、結果として喫煙スペースはチームや部署を超えた人たちが集う社交場となっている。それが分かっている企業では、わざと各フロアには喫煙スペースを作らず、数フロアの人が一同に会するようにしているケースもある。

しかし、皆がタバコを吸うわけではない。そこで、意図的にコミュニケーションを取る仕掛けが必要になる。例えば、コピー機を部署間に配置する。そうすることによって自然発生的に部署を越えたコミュニケーションが生まれる。ここでのポイントは自然発生的にコミュニケーションが起こることだ。わざわざコミュニケーションをするためのスペースを作ってもそれは機能しない。だから、喫煙所やコピー機など一日に何度か訪れる必然性のある場所をコミュニケーションスポットにする必要がある。脇にテーブルや椅子も置くと、なお良いだろう。

オフィスの機能性を考える時には、【欲求充足】の機能性も考えることが必要である。

職場における力・価値の欲求の満たし方

仕事をする上で最も影響の強いのが力・価値の欲求と言える。力・価値の欲求は、自己価値、達成、地位といったパワーに関するものから、貢献、奉仕といった献身に関するものと幅広い。職場での具体的な満たし方について考えてみよう。

1．「ほめる」より「認める」ことが自律を促す

人は自分の強みを確立・発揮でき、それがきちんと承認され評価されると力・価値の欲求を満たすことができるが、上司が直接支援できるのは、部下を「承認する」という行為である。人は誰しも「認められる」ことを求めている。

承認には次のような効果がある。

1．「認められる」と「欲求（インナードライブ）」が満たされ、モチベーションが高まる

2．承認してくれた人への信頼感が増す

ところで、「承認」というと、イコール「ほめる」ことだと理解する人が多い。もちろ

ん、「ほめる」ことはいいことだが、注意しなければならないことがある。

それは「ほめる」ことは効果があるので、「部下を大いにほめましょう」と言った時に、「ほめる」ことイコール「ほめて、おだてて、部下をなんとか思うように操作しよう」と外的コントロールの手段として発想してしまいがちなことである。無意識かもしれないが、こんな感覚で無理矢理に部下を「ほめよう」とすると、それは効果があるどころか、逆効果になることもある。

何故なら、そういう感覚で「ほめられた」部下は、何か違和感を感じるからである。上司が媚びへつらって、おだてられているような感じ。また、根拠が感じられず見え透いたお世辞を言われているような感じ。こうなると「上司は何かたくらんで自分をコントロールしようとしているのでは」という不信感につながってしまう。

そうならないためには、「ほめる」よりも「認める」という言葉の方が部下の自律を促すためには間違いがない。

2. 3つの承認

「認める」には3通りの認め方がある。

①【結果承認】：相手の行動の結果や成果を認めること。

成果をあげたのに、それを素直にそしてタイムリーに認めてあげて、それを言葉に出して表現してあげなければ、部下は非常に欲求を阻害されることになる。ここでいう結果とは、数値化できるものだけではない。顧客満足やチームへの貢献なども当然入ってくる。

しかし、人は自分の関心のあるところしか見ない傾向があり、数値に関心の強い人は、数値以外の結果を「承認」することを忘れたりすることがあるので、気をつけたい。もっとも、この「結果承認」はそんなに難しいことではない。もし、難しいとすれば、上司自身がこの部下の活躍や成長を脅威に感じてしまう時だろう。

このままでは、自分の優位性を保てないと感じたら、素直に認めることをせずに、批判めいた論評を加えてしまうこともありえる。

しかし、マネジメントの立場で言えば、そういう自分を脅かすような部下が出現したことを喜ぶべきである。そういう人物を育てることができた、あるいはそういう人物が成長する環境を作った自分の功績を誇っていいのだ。

しかし、この結果承認だけでは、部下を自律させるには足りない。何故なら、部下がいつもいつも結果を出せるわけではなく、むしろ結果を出せていない部下の中に、自律できていない人が多いからである。結果承認だけでは、頑張る人は頑張るが、頑張らない人はそのままになってしまう。そこで、あと2つの「承認」が必要となる。

②【事実承認】：結果に至るプロセスや、日常の言動・習慣などを認めること。

たとえ努力をしていても、努力が報われるには時間がかかる。「結果承認」だけでは、この努力は認められないことになってしまう。そうすると、「力・価値の欲求」は満たされない。頑張っても欲求充足できないんだと思ってしまえば、自律的な行動はとまってしまう。でも、プロセスにも着目して「承認」すれば、欲求充足でき、自律的な行動を引き出すことができる。

ここで、考えたいことが「承認」にも「上手な承認」と「下手な承認」が存在するということだ。たとえば、結果は誰にでもわかるので、【結果承認】ではそんなに差は出ないが、【事実承認】では、差が出てしまう。それは「事実」を知っているかどうかである。「事実」を知らなければ、「最近、頑張ってるな」という漠然としたことでしか「承認」できない。でも、言われた方に頑張ってる実感があればまだしも、もし仕事がうまくいってなくて悶々としている状態であれば、「何が？」「適当な気休めを言わないで欲しい」と思われてしまう。

特に部下を「ほめなきゃ」と強迫観念にかられているのに、部下のことをよくわかっていない人は気をつけて欲しい。安易なほめ言葉は、かえって信頼を損なうことがあるからである。

「承認」するには何を承認するか事実を知らないといけない。そのために、最も大事なことは「相手に関心を持つ」ことである。相手に関心を持って相手を観ていけば、最近の勤務態度、仕事への進め方、後輩指導や周囲への配慮、など様々なものがわかってくる。そして、その事実を具体的に「承認」していくのだ。具体的な事実を「承認」されると、人は自分の成長や可能性を信じることができ、「力・価値の欲求」を満たすことができる。

③【存在承認】：相手の存在そのものを認めること。部下に対して一人の人間として「敬意」を表す。部下を部下という役割で見るのではなく、一人の人間として扱う。

この存在承認は、他の2つの「承認」と違い、成果をあげたかどうか、あるいは成果につながる行動ができているかという視点ではない。私は、あなたに関心を持っていますよ。あなたという人格を尊重しますよ。というメッセージである。この存在承認は、仕事の成果を問わないので、本来いつでもどこでもできるはずである。

例えば、声をかけたり、目を合わせたり、話をしっかり聞いてあげたりすることで、存在承認のメッセージを伝えることができる。しかし、あまりに当たり前すぎて、逆にないがしろにされがちなことである。それだけに、きちんと実行すれば欲求充足に大きな影響がある。

３．社員同士で「承認」し合う

上司が部下を承認することは大事だが、社員同士で承認しあう文化も非常に有効である。例えば、リッツ・カールトン・ホテルには、社員同士で良かったこと、感謝していることを記入する「ファーストクラスカード」という仕組みがある。

このカードは、他の社員の良かった行動や感謝していることをカードに書いてその社員に渡す仕組みである。どの場面でのどういった行動が良かったかを具体的に書いてあるので、自分では気づかなかった自分の良さを再認識できるため、「お客様からの感謝の言葉よりも嬉しい」という社員もいるほど、力・価値の欲求を満たすことができる。

また、社員の賞賛すべき行動、成功例は世界中の社員に朝礼などで紹介される。日頃スポットライトが当たらない裏方の社員もこのカードを受け取ることは多いので、自分の仕事に誇りが持てるようになり、社員の一体感、連帯感を醸成している。

また、サービスの良さで有名なカシータというレストランが東京・青山にある。このレストランのサービスはお客様を感動させるほどで、わざわざ北海道や沖縄から食べにくる熱烈なファンがいるくらいである。ここカシータの朝礼を見学させてもらったが、「昨日あった良いこと」を皆が発表をする。それは多くがお客様から頂いた感謝の言葉であったり、お客様に喜んでもらったサービスについてである。それを聞いている同僚が共に喜び称えてくれる。これでやる気にならない人はいない。

このように社員同士で承認しあう文化を作ることは力・価値の欲求および愛・所属の欲求を満たすことに非常に効果が高い。

4．自己評価を促す

さらに上手な「承認」として、部下自身に自分で自分を「承認」してもらうことができる。つまり、部下自身に「自分は頑張ってるな」と自己評価してもらうのだ。自分で自分を認めることができると、さらに力・価値の欲求を充足でき自信をつけることができる。そのために、部下自身にも「良い点」を発見してもらう。
例えば、
【上司】「最近、表情がイキイキしてるし、提案書の質が上がってきたね。鈴木君としては、どんなことを意識して活動しているの？」
【部下】「成功した過去のプロジェクトを分析して、今の進め方と比べてみたんです。そうしたら、今まで苦戦してた原因がわかったので、今、修正してるところなんです」
【上司】「それは、いい取り組みだね。成果が出る日も近そうだね。特に大きな違いは何だったの？」

……つまり、部下に質問して自分で見つけてもらうのだ。このやり取りで部下が自分の行動を俯瞰することができるようになる。自分の良いところを自分で確認することで自信をつけ、また良い行動に再現性をもたらせる効果がある。

5.「You（あなた）メッセージ」と「I（私）メッセージ」

承認する時にもう一つ重要な観点がある。それは、YouメッセージかIメッセージかということだ。You（あなた）メッセージとは、相手が主語になったメッセージである。たとえば、「あなたは本当に親切な方ですね」というと、「自分のいいところがこのように認められている」という事実が伝わってくる。悪くはないが、ある意味他者評価でもあるので、人によっては、素直に受け止めない人もいるのだ。

一方、I（私）メッセージは、自分が主語になったメッセージである。例えば「（あなたが）親切に教えてくださったお陰で、私はすごく助かりました」これは、「私は、こう感じている」という自分の正直な考えを述べたに過ぎないので、他者評価の要素が入っていない。言われた方にしてみれば、他人が「どう感じたか」は事実なので否定のしようがない。だから、抵抗する要素がないので素直に受け止めることができるのだ。結果として「自分のいいところが、他者にプラスの影響を与えている」ことが伝わってきて、力・価値の欲求を満たすことができる。

6.「誇りの持てる仕事」なら、人は進んで取り組む

「力・価値の欲求」を満たすのは、何も「承認」だけではない、例えば、自分が取り組んでいる仕事が「誇りを持てる仕事だ」と感じていれば、大いに欲求充足できるので、人は自律的に熱心に取り組むことができる。反対に自分の仕事が「つまらない仕事」「誇りのもてない仕事」だと感じていれば、全く欲求充足できないので、多くの場合、その仕事への取り組みは義務的であり、自律的にはなされない。では、何故、自分の仕事に誇りを持てていないのだろうか？原因はいくつかあるが、一つには大きな組織に共通した要因が存在する。

それは、業務が多岐にわたっているため、一人ひとりが目の前の仕事しか見えなくなっていることだ。つまり、仕事の全体像が見えなくなっている人が非常に多い。全体像が見えないと、自分が「何にどう貢献してるのか」がわからなくなる。自分のやっている仕事の価値がわからなくなってしまう。「なんで、こんなことを毎日やってるんだろう？」と空しく感じてしまうのだ。これを解決するには、今一度、自分の仕事を取り巻く全体像を再確認する必要がある。例えば、私たちはある大手メーカーに対して、毎年こんな取り組

みの支援をしている。それは、研修の中で部門横断でチームを編成し、各チームごとで全社で生み出されている「バリュー」を全部門から抽出し、そしてその因果関係をループ図で結んで模造紙に表現して発表するのだ。

営業や販売などの部門は日々、顧客からの反応を感じることができるが、間接部門の人は、自分の仕事が顧客にどう貢献しているかが分かりにくい。「バリューチェーン研修」と名づけた、この研修を実施すると、日頃忙しくて目の前の仕事に忙殺されて忘れていた人も仕事の全体像が明確になる。

他の部門や社内の人にどういう影響を及ぼして、それが最終的に顧客貢献にどう繋がっているかが明確になる。これによって、自分の担当している仕事が仮に普段は単調なものに思えても、大いなる計画の中の重要な役割を担っていることがわかり、仕事への誇りを取り戻せるのだ。また、様々な部署や人がいかに自分を支えてくれているかが明確になるので、「愛・所属の欲求」も満たせるのだ。

7．仕事は定義の仕方でいくらでも変わる

しかし、業務の流れとしての全体像がいくら明確になっても、仕事の定義の仕方が間違っていては、力・価値の欲求を満たす効果は薄い。仕事の定義とは、本質的な仕事の意

義とも言えよう。誇りの持てる仕事をするには、仕事の定義が重要である。同じ仕事が定義次第で、その仕事はつまらない仕事にも、価値ある仕事にもなるからだ。

例えば、高業績を誇る美容室チェーンのG社では、美容師の仕事を「顧客を外見、内面ともに美しくする仕事」と定義づけている。通常は、外見上の美をお手伝いするのが美容師の仕事だと思うが、一歩踏み込んで内面の美しさの支援をもうたっているのだ。社長は社員に対してこんな説明をしている。

「美容師という仕事はお客様との会話が重要だ。日頃、会社や家庭で話せないことも、美容院では話せたりする。だから、しっかり傾聴してさしあげることでお客様のストレスを軽減したり、癒してさしあげることができる。また、タッチセラピーというセラピーがあるように、人間は直接、肌に触れることで癒される。美容師は髪やお顔を触れることで、癒し効果を与えてさしあげることができる。しかも、毎月や2ヶ月に1回といったように、定期的にケアしてさしあげることができる。ストレスが多い現代社会で、こんな大事なことを定期的にして差し上げることができる職業は美容師しかない。見た目も心も美しくするお手伝いができる、素晴らしい仕事を私たちはしているんだ」

実際にする仕事を作業レベルで見れば、他の美容室もさして変わりはないだろう。しかし、働いている人の気持ちは全然違うのだ。

私も昔、リクルートで同じような経験をした。私が配属になったのは求人広告の営業である。作業レベルで見れば、１ページが○○○万円という求人雑誌の広告スペースを売っているのである。しかし、私は決して「スペース売りの仕事」だとは思わなかった。「私たちは、ヒトという最大の経営資源の支援をしている。企業経営のパートナーである」と教わってきたからである。

一見、同じ仕事でも、どう定義するかで、仕事への「誇り」はまるで変わるのだ。誇りを持てる定義をしている人は自然と自律的に取り組むが、誇りをもてない定義をしている人は受身的にしか取り組まない。

8．理念を浸透させる価値

仕事を誇りの持てる定義にするには、そもそも企業が持っている理念やミッションに立ち戻る必要があるだろう。会社の本来の存在意義は理念やミッションの実現であり、それを実行するために、各人の仕事があるのだから。

実際に理念を明確にして、組織に浸透させることによって、仕事への誇りを持つことに成功している例を紹介してみよう。

●リッツ・カールトンホテル。有名な話だが、リッツ・カールトンホテルの全世界の社員は「クレドカード」と呼ばれるものを常に携帯している。クレドは信条という意味で、社員すべての価値判断基準として活用され、社員が一体感を持ちながら誇りを持って働くことをサポートしている。

カードの表面にはクレド、社員への約束、モットー、サービスの3ステップ、裏面には社員が取るべき20の行動指針（リッツ・カールトン・ベーシック）が、具体的でわかりやすい言葉で記載されている。顧客への心のこもったもてなしと快適さを提供するために、その内容は毎日の朝礼で確認され、全世界の社員に深く根づいている。

●例ジョンソン・エンド・ジョンソン。74期連続して増収増益を達成し、平均成長率は11％を誇るジョンソン・エンド・ジョンソンのクレド「我が信条」も大変有名である。「我が信条」は、責任対象を「すべての顧客に対して」「世界中のすべての社員に対して」「環境や資源保護を含めた地域社会に対して」「株主に対して」と4つに分けて、社員がとるべき行動の指針が極めて具体的かつ簡潔な内容で明記されている。

同社では、「我が信条」をすべての行動の判断基準とすることが広く社員の間で根付き、社員が一体感を持ちながら誇りを持って働くことをサポートしている。世界中でグループ会社の数が拡大している同社では、「我が信条」が同じ価値観を持って働くための求心力として機能している。

9.「成長」は「自律」を促し、「自律」は「成長」をもたらす

若手が特に「力・価値の欲求」を充足するうえで重視するのが、「成長の実感」である。入社3年未満で辞める社員の急増が問題になっているが、彼らがかなりの割合であげる理由が「成長が実感できない」ということである。成長を実感できれば、「力・価値の欲求」を満たすことができ、それが実感できれば自然と自律的な行動をとれるようになる。

上司としては、部下が「成長の実感」を得られるように指導していく必要がある。もちろん、先ほどの「認める」ことも重要なことだが、それだけではない。たとえば、人は目標を達成した時に、自分の成長を実感する。では達成するためには何が必要かと言えば、当たり前だが達成するには「目標」が必要である。目標が無ければ、達成したかどうか判定がつかない。しかし、この「目標」がただのノルマでは、あまり意味がない。ただのノルマとは、他人から押し付けられて義務感だけでやらされる目標である。この場合には、達成しても喜びが少ない。あるのは、どちらかと言えば安堵感である。自分で設定し心底達成したいと願った目標とは達成感そして成長感に開きがある。でも、自分なりの目標を持っている人がどれだけいるだろうか?自分の将来のために自分で目標を設定することを是非指導すべきである。

しかし、力・価値の欲求を満たすには、目標設定の仕方に気をつける必要がある。たと

えば、勢いで無謀な目標を設定する人がいる。今まで10のレベルのことしかできていないのに、いきなり80の設定をしても達成できる可能性は無いに等しい。立てた目標をはずし続けると、力・価値の欲求を損ない、余計にモチベーションが低下する。逆効果である。まずは達成可能な範囲での目標を設定すべきである。もちろん、将来に高い目標を掲げることは良いことであるが、そこに到達するためのステップの刻み方が重要である。成果をうまく出せない人には、このステップの設計が下手な人が多い。

10．毎日、欲求充足するためには

欲求は毎日充足しないといけない。今日、充足したから、来年まで必要ない、というものではない。そのためには、毎日達成できる目標が必要である。毎日でなくても、毎週とか頻繁に達成できる目標が必要である。もちろん、ストレッチも必要なので、高い目標を持つことは大事である。しかし、1年かからないと達成できない目標だけでは、その間は欲求を充足することができない。大きな目標を持つことは価値あることだが、そこに至るマイルストーンを明確にすべきである。毎日あるいは、毎週達成すべき目標は簡単なことでも良い。毎日、そして毎週達成することが自分への信頼感を高めるのだ。階段も1段は低くても、３６５日上り続ければ、大変な高さになる。

11．2つの「ギャップアプローチ」と「ポジティブアプローチ」

a．ギャップアプローチの問題点

ビジネスにおいて目標に取り組むときには、「あるべき姿」と「現在の姿」のギャップに着目し、そのギャップを埋める「ギャップアプローチ」が一般的である。

しかし、通常のギャップアプローチには欠点がある。それは常にギャップに焦点を当てるため、「私はできていない」というマイナスの感情が常に起きることだ。短期的にはよくても、マイナスの感情が長期間続くと苦しくなってくる。

力・価値の欲求を阻害し自律性が失われることもある。

もちろん、これをバネに頑張れる強い人もいるので、そういう人には問題はない。しかし、多くの人はモチベーションが低下し、結局継続が難しくなる。

こうなる原因は、現在の地点を「０」と見ていることにある。「０」ということを、「何もできていない」という風に受け取ってしまうのだ。だから欲求が阻害される。これは、「減点法的ギャップアプローチ」だ。

しかし、同じギャップアプローチであっても、「加点法的ギャップアプローチ」は全然違う。

「加点法的ギャップアプローチ」では現在の地点を単純に「０」として見るのではなく、

現時点で「出来ていること」「満たしていること」にも目を向け、あるべき姿とのギャップを今後積み上げていくものとして捉える。

このことにより、力・価値の欲求を大きく阻害されることがないので、前向きに取り組むことが出来る。

元々はもっと低いところから始まったのだから、現在の地点も一定の成長の結果であるという考えだ。たとえば、既に40まで来ているのだから、これはこれで「承認」に値する。そして「現在」からどう一歩前進するかに焦点を当てる。「できていること」が目標に向かってさらに前進するので、勇気が湧いてくる。心理的影響はまったく違うのだ。

自律性が低い人の中には自己信頼感があまりない人が多い。それは、「自分は大したことはできていない」「所詮、私なんて……」という感覚である。この解決には、自分を認め、自分も「やればできるんだ」という感覚を身につけることである。そのために、この場合は現時点で「できていること」に焦点を当てる必要がある。もちろん「できていないこと」を放置するわけにはいかない。しかし同じことでも「できていないこと」と表現するのと「今後、もっとできること」と表現するのでは、欲求充足は全く違うのだ。

b．ポジティブアプローチの可能性

もう1つのアプローチ法は「ポジティブアプローチ」。「強みや価値」に焦点をあて、そ

図⑲　ギャップアプローチ（減点法、加点法）

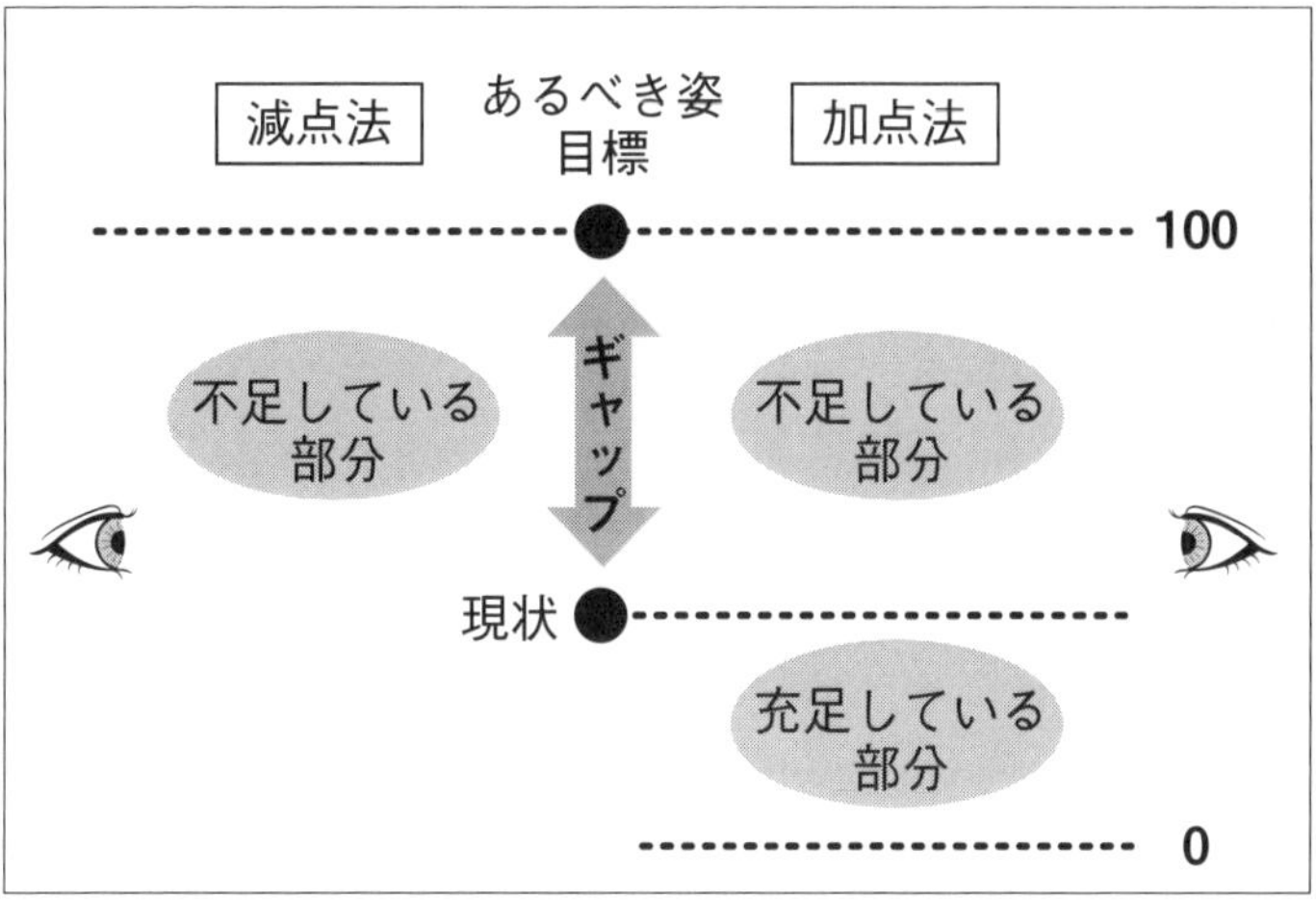

ギャップアプローチとポジティブアプローチ

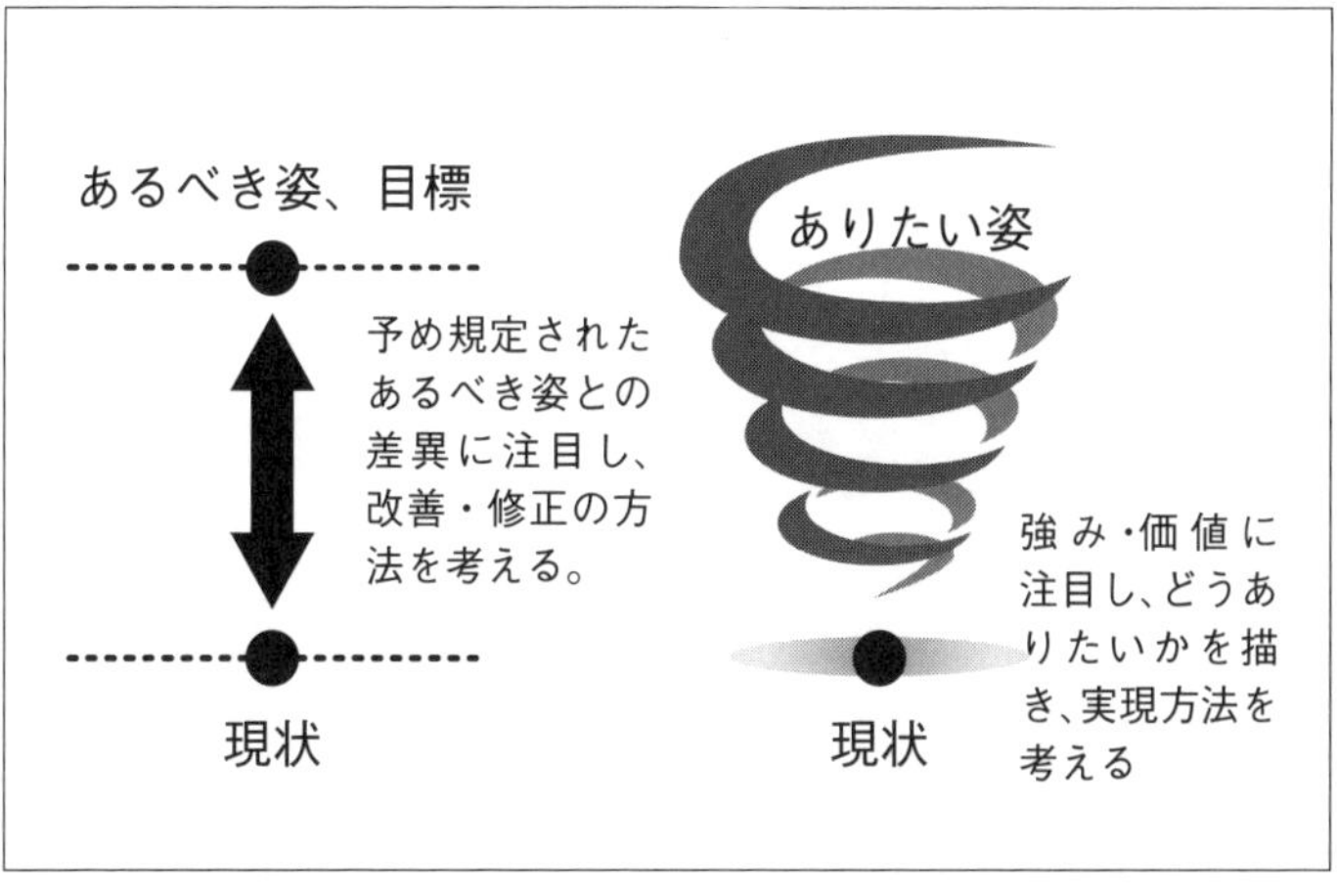

れを基軸に、発展・成長していこうとする考え方。

ギャップアプローチは既に正解があり、そこにどう辿り着くかと言う思考だったが、ポジティブアプローチは予め決めた正解があるのではなく、最大の可能性を思い描くものだ。だから、予め決めた以上の大きな成果の可能性もある。

答えが見えない成熟した社会においては重要な思考であり、現代のマネージャーは身につけるべき必要がある。

c．マネージャーは裁判官ではない

ポジティブアプローチの話をすると、「部下自身ができていないことや間違っていることを認めず反省しないのではないか？」という反論がよく起きる。

しかし、ここで考えてみたいのが、マネージャーの役割である。

マネージャーは部下が仕事において成果を上げるようにマネジメントすることが仕事のはず。そのための重要な要素として部下育成がある。

もちろん、そのためには、部下に行動を修正してもらう必要がある。そのときに、部下が肯定的な気持ちで修正をするのと、自己否定的な暗い気持ちで修正をするのとでは、どちらの方が効果が上がるだろうか？また、どちらの方が継続するだろうか？

そして、「部下に反省させる」ことにどういう意味があるのだろうか？

反省すること自体が目的ではなく、同じ過ちを繰り返さないことや、もっと質の高い仕事をすることが目的である。

ところが部下の欠点を指摘することは、マネージャーの力・価値の欲求を満たしてしまう。だから「上司である私は全部わかっている。だから、私が白黒つけて部下に教える必要がある」という、まるで裁判官のような気持ちになることがある。

しかし、繰り返すが、マネージャーの本来の目的は、部下の行動を修正し成果が出るよう成長させること。部下がいくら反省しても、マネージャーが裁判官のように白黒つけたことで潰れてしまったのでは、まったく意味がない。マネージャーは裁判官のような振る舞いをするべきではない。

欲求を満たさないとモチベーションが上がらず、人は行動しなくなるので、欲求充足させながら考え方や行動を修正してもらうことが重要である。

欲求充足をさせながら、成長を促す「マミー・ポーター（テキサス州オースティン大学）の質問」を紹介しよう。

①「自分のしたことで良かったことは何ですか？」
②「もう一度、同じことをするとしたら、どこをどのように変えますか？」
③「私が力になれるとしたら、どんなことで力になって欲しいですか？」

また、アクションラーニングの世界的権威であるジョージ・ワシントン大学大学院のマイケル・マーコード博士はアクションラーニング・セッションの振り返りで必ず次の質問をする。

①「うまくできていることは何ですか？」
②「他に、うまくできていることは何ですか？」
③「もう一度、やるとしたらどうやりたいと思いますか？」

アクション・ラーニングは実務上の問題解決をするプロジェクトであり、それを通して学ぶチーム学習法でもある。

実務の解決をする以上はセッションの進め方も改善が必要であり、悪いところを放置する訳にはいかない。

従って軌道修正をする必要があるのだが、何も欲求を阻害して軌道修正しないといけない理由は無いのだ。

できることなら、欲求充足をしながら軌道修正できた方が良い。何故なら、その方が実際の行動にうつるからだ。

しかし、通常多くの人は自然体だと「できていないこと」に焦点を当てる。このやり方だと自信を無くしてしまう。

だからマーコード博士は「うまくできていること」に焦点を当てる。

私がそのことについて以前にマーコード博士に直接質問した時、博士はこう言った。

「勇気を与えながら修正してもらうことが大事です」

職場における自由の欲求の満たし方

組織に属することで阻害されがちなのが自由の欲求である。また、職場で物事がうまく進まない原因にも自由の欲求の阻害がある場合が多い。

逆に言うと、職場で自由の欲求をうまく満たすことができれば、自律的な行動を引き出すことができる。

例えば、ソニーをグローバル企業にした原動力は、前身の東京通信工業の設立趣意書の一節にある「自由闊達ニシテ愉快ナル理想工場」を企業理念にし、社員の自由の欲求を尊重する企業風土を作り上げたことにあると言える。

1．関われないと他人（ヒト）事のままになる

私が様々な企業にお伺いして、よく相談されることに「方針や決めた事が実行されない」という悩みがある。むろん実行されない理由は様々だが、その大きな原因の一つが「自由の欲求」の阻害である。「自由の欲求」が阻害されると、人は防衛反応として、抵抗したり、反発したりする。

例えば、会議の場で上司が決定事項を伝える。特に反論もなかったので、わかってくれたと思ったのに、何故か積極的に行動に移さない。

例えば、今後のビジョンや方針が決定され、社内に大きなポスターが貼られた。そして従業員一人ひとりにそれを記載したカードが配られた。いつでも、目に触れる状況が作られた。にもかかわらずあまり実践する人がいない。こういった現象は非常に多い。

相談を受けた会社の社員に話を聞いてみると、多くの場合、内容は理解しており、大きな反対もない。ただ、理屈ではわかっているが、今ひとつ腑に落ちていないのだ。納得感が足りないのだ。この場合、決定事項の内容が問題というよりは、それが決定される過程や通達の過程で「自由の欲求」が阻害されたから、その防衛反応として、反発が起きていることが多い。

これはとても大切なことだが、人は合理的な理由で行動しているのではなく、「欲求充足」を求めて行動している。だから、論理的には「正しい」とわかっているのに、何故か気乗りがしない時は、「欲求充足」ができていないのだ。逆に論理的には怪しいことをいとも簡単に信じて行動する人がいるが、これは「正しい」から行動したわけではなく、「欲求充足」できたから行動したのだ。

つまり、物事の決定の過程や、通達の過程で自由に意見を言えたり、疑問を投げかけたり、など「関われる」部分がないと「自由の欲求」が満たせないのだ。関われないと、他人（ヒト）事になってしまい、納得感やその後の実行に大きく影響する。

自分の意見を述べて、たとえそれが元々の方針と全く同じ内容であっても、「自分の意見を述べること自体」が欲求を充足するから意味があるのだ。

2.「関わってもらう」ためのテクニック

会議の場などでむしろ部下にもっと関わってもらいたいと思っている上司は多いだろう。ところが、「自由に意見を言え」「質問はあるか？」とせっかく投げかけても、何も出て来ない。これでは、関わらせていないのではなく、本人たちが関わりたくないのではないかと思われるかもしれない。

しかし、それは関わりたくないのではなく、慣れていないのでうまくできないだけなのだ。それが証拠に、会議の時には意見が出なかったのに、会議が終わって会議室を出る段になって、２、３人で「本当は○○だよなあ」なんて会話をしている人は多い。

あるいは、同僚同士で飲んでる時には「オレはこう思うんだけど……」と意見は出る。つまり決して意見や考えが無いわけではないのだ。人がうまく他人と関わるには技術がいるのだ。あるいは、周りの人に関わってもらうには技術がいるのだ。

例えば、私のように講演やセミナーをやっている人間には、この技術はとても重要なものである。講演やセミナーでは、こちらが情報を伝える立場にある。参加者は基本的には聞く立場である。しかし、聞くばかりで自分が話したり関われる要素がないと、間違いなく興味関心が薄れ、集中力が無くなる。

そこで、意見を言ってもらったり、質問をしてもらうのだが、「質問はありますか？」と全体に投げかけても、あまり返ってこない。実は、人が自由に発言したり行動するには適正規模があるからだ。人数が６人を超えると多くの場合、積極性を失い発言しない人が出てくる。逆に5人以下くらいになると、少し気軽に話しやすくなる。もっとも気軽に安心して話せるのは2名の時だ。

そこで、まずはペアや3、４人程度の少人数になって、感じたことや質問したいことを話し合ってもらうのだ。そこで、出てきた意見や質問を発表してもらう。このやり方なら、全員が自分の思うところを自由に話す機会があり、また不明な点を質問によって確認することができるので、「関わっている」という実感を持つことができるのだ。たったこれだけのことでも、「自由の欲求」は満たされる。一方的な結論を押し付けられた時に比べて、遥かに自律的に行動するようになる。

3. 結論を相手に譲る

人は、「自由の欲求」があるから、他人から押し付けられた結論には反発を感じるが、自分が出した結論には従順である。とするならば、結論は上司が下すよりも、相手に譲った方が効果は高い。同じ結論であっても、「自由の欲求」を阻害されながら得た結論と、「自由の欲求」を満たしながら得た結論では、本人にとっては感じ方が全然違うのだ。

では、相手に結論を譲るには、どうしたらいいか？ それは、上司が最初から結論を言うのではなく、質問することだ。質問されて考えることによって、自分で結論を出すことができる。そのことで、同じ結論であっても、自律的に行動することができる。

もちろん、その時に相手が正しい結論を出せるかという問題はある。正しい結論を導くには、適切な質問と適切な情報提供が必要となるだろう。

4. 権限委譲が自律を促す

職場で「自由の欲求」を満たし、自律的な行動を引き出すうえで、欠かせないことが「権限委譲」である。人は任されて、初めて責任感を感じ、自律的になる。「言われた通りしろ！」と言って、自律させることは不可能である。それは相反する行為だからである。

でも、人に任せるというのは、口では言えても実際には難しい。多くの上司は、人に任せることは不安であり、「自分が一番わかってるから、自分の指示を忠実に実行することが結局、最も成果につながり、早い」と思ってしまう。

だから、「任せる」と言いながら、任せきれない。ついつい、こと細かいところまで指示命令してしまうので、部下は「自由の欲求」を満たせず、モチベーションが下がり、自律性が失われる。

しかしそれ以前に本当に、「上司がこと細かいところまで指示命令することが最も成果につながり、しかも早い」のだろうか？

例えば、こんな実験がある。目が見えているリーダーが、目隠しをしたメンバーに指示をして、絡んだ紐をほどいてもらうのだ。この時、リーダーは直接紐にさわれないとする。

【実験①】リーダーはメンバーにこの仕事の目的を告げずに、その人の行動を全て指示命令で動かそうとする。メンバーに自由に考えさせる機会を与えず、全てリーダーがコントロールする。リーダーはメンバーに対して「左手を上に7センチ上げて、いやいや2センチ戻して、右手を左に5センチ動かして、いや手元に戻して……」と指示するが、とてつもなく難しく、途方も無い時間がかかってしまう。

【実験②】リーダーはメンバーに「手元の紐が絡んでいるので、ほどいてください」と仕事の目的を指示をする。リーダーは状況を見て大まかな方向性だけ指示して、細かい作業はメンバーに任せる。そうすると、メンバーは手を自在に動かして、5秒ほどでほどいてしまう。

①の場合、指示される人は全く頭脳を使っていない。実際に仕事をする人の頭脳を使っていないから、難しくなり時間がかかる。②では、実際に仕事をする人の頭脳を使っているから早いのだ。権限委譲された人は自分の頭脳を使い創意工夫することができる。

実は、「上司がこと細かいところまで指示命令することが最も成果につながり、しかも早い」ことは、上司が常に状況を把握でき、どうすることが最も効果があるか常に正解を知っている状況に限られる。

逆に、上司が細かいことまで全てを見られない状況では、上司はこと細かい指示命令をせずに、大まかな方針を示しながら権限委譲をしていった方が成果が上がる。例えば、先ほどの実験で10人の人が同時に紐をほどくとしたら、どうだろうか?リーダーが全員の手元を見ることは不可能である。リーダー一人が全てを考えて全てを指示して動かしていたら、いつ終わるかわからないくらい時間がかかるだろう。

また急激な環境変化や技術革新によって、上司自身が正解がわからない時は、前線にいる部下から顧客の変化など環境や先端技術について情報をあげてもらって情報を収集しないと、正しい方向性を示すことはできないだろう。

当たり前のことだが、権限委譲することは「自由の欲求」を満たすことと同時にメンバーの頭脳を生かすことにもなるのだ。

5．自由は無秩序を生む？

しかし、「自由」をそんなに与えると、やりたい放題になってかえって良くないんじゃないかと心配する人は多いだろう。確かに、単に「自由」を与えるだけでは、ただの放任であり、自律ではなく「無秩序」を生みだす。では、効果的な権限委譲とはどういうものだろうか？

そもそも自由と責任はセットである。つまり、与えていい「自由」とは、責任の取れる範囲での「自由」である。ということは人によって与えるべき「自由」の範囲は違う。

例えば、赤ん坊に許される自由の範囲はベビーベッドの中である。園児に許されるのは家の中と幼稚園の中である。小学生は家の外である程度自由に遊ぶ自由が与えられるが町内くらいまでの自由だろう。中学生ならもっと広い範囲の自由が与えられる。

このように、本人のレベル、成長の過程によって、与えるべき「自由」を変えていく必要がある。だから、無制限の自由はあり得ないし、与えてはいけない。

「自由」を与える時に、きちんとその範囲と仕事の目的、ルールを明示すべきである。

例えば、社内のルールを決める時に、皆が積極的に行動するには、一方的な押し付けではなく、権限委譲して皆に考えさせた方がいい。でも、こうしたきちんとした手順を踏んでから権限委譲すれば、そんなムチャな結論は出て来ない。むしろ、一方的に押し付けた方がムチャな反発や要求が出てくるものである。

6．キャリア選択の自由

組織人の宿命として、自分のビジネス人生の全てを自分でコントロールすることはできない。配属や昇格などは、会社の計画の中で実行されるからである。

だからこそ、キャリアをある程度、選択できれば自由の欲求を満たすことができる。

以前は就職した以上、自分の人生の舵は会社に明け渡すことは仕方ない、という考え方もあったが、現在は転職をすれば解決できると思う人も多いので、会社としても対応する必要がでてきている。もちろん、全てを自由に選んでもらうことはできないので、ある程度の範囲においてであるが。

実際にキャリア選択ができる制度を実施している企業例を紹介してみよう。

●リクルートエージェント（当時）

転職支援のリクルートエージェントでは、新設部署のメンバーが公募されると、現在の上司に申告することなく応募できる「社内公募制度」や、他部門への異動を希望できる自己申告制度を含めた「オープンドア制度」がある。

これらの制度は、社内でキャリアを選択する機会を設け、それにチャレンジできるという新たなキャリアづくりを支援するもの。キャリアの選択ができるようにすることで、社員の自由の欲求を大いに満たしている。

また、人事の諸制度に社員が自由に意見を言うことができ、検討の結果採用されていることもある。同社のトップも「高いモチベーションで働く人に対して、経営陣が配慮を示すことが働きやすい環境の創出に必要」だと認識している。

しかし、組織で自由を得ることは同時に、責任を負うことでもある。そのため同社では、責任を明確にするために従業員の業績管理を厳格に行っている。

●ＮＴＴドコモの法人営業部門

法人ユーザー向けのモバイルシステムの構築・提案を行っているが、競争環境が厳しさを増す中で、新しいサービスの開発や事業化などで公募制プロジェクトチーム（ＰＴ）を結成している。

組織フラット化の一環としてスタートした公募制ＰＴの特徴は、日常業務に支障のない範囲で自由に参加できること、若手社員でも上司の決裁が不要、開設が自由なことにある。

部門の枠を超えた社員同士の活発な議論と幅広い知恵が結集し、斬新な新サービスを生み出すことに役立っているらしい。

また、公募制ＰＴによって権限委譲が進み、社員の自主性を高めることもできた。このことが、業務進行の迅速化などさまざまな効果を生んでいる。

職場における楽しみの欲求の満たし方

仕事は厳しいものであり、仕事に「楽しさ」なんか必要ないと考える人もいるだろうが、仕事にも「楽しさ」は必要である。何故なら、「楽しさ」が無ければ、「楽しみの欲求」が満たせなくなり、モチベーションが下がり、自律性が失われるからである。

最低限の仕事をすればよいのであれば、「楽しさ」は必要ないが、創造的な仕事や高い成果を求めるのなら「楽しさ」が必要である。

１９７３年以降アメリカの航空業界で唯一の黒字を続けているサウスウエスト航空のテディ会長はこう言っている。「職場は楽しくなくてはならない。人の能力は、組織に『楽しさ』の文化を育むことによって最大限に発揮される」。

しかし、ここで言う「楽しさ」とは何もギャハハハと笑う楽しさを意味しているのではない。職場での楽しみの欲求の満たし方を紹介しよう。

1．好奇心が重要

人は好奇心を持つ時に楽しみの欲求を満たす。だから部下が好奇心を持つような仕事の与え方をする必要がある。

たとえば、新しい仕事や画期的な仕事をする時には、誰でもワクワクし好奇心を持つ。その時には「楽しみの欲求」を満たすので自律的に仕事に取り組む。

逆に言うと、わかりきった仕事には、いわゆるマンネリを感じて、どうしても消極的な仕事ぶりになってしまう。

ある程度の期間で仕事をローテーションすることは、マンネリを防ぐ意味で効果がある。また、同じ仕事が継続する場合には、何か自分なりのテーマを設定するなど好奇心を満たせるように工夫することが必要となる。

2. チャレンジと安全のどちらを尊ぶか

職場の風土として、失敗しないことを優先するのかどうかが「楽しみの欲求」の充足に影響する。失敗しないことを優先すれば、新しい試みやチャレンジは否定される。こうなると「楽しみの欲求」と「自由の欲求」は共に阻害されることになる。

反対に新しい試みやチャレンジ、創意工夫が奨励されて、多少の失敗は寛容されると、「楽しみの欲求」と「自由の欲求」を共に満たすことができる。

例えば、サントリーの理念に「やってみなはれ」という有名な言葉があるが、これはまさにチャレンジと創意工夫を奨励している言葉である。

３．面白い仕事はない。仕事を面白くする

世の中の仕事によっては、そんなに面白い要素が無い、と思われる地味な仕事もある。しかし、「面白くない」と思って仕事をすれば、本当に面白くない。よって楽しみの欲求を満たすことができない。するとモチベーションが下がり受身な仕事になってしまう。

しかし考えてみれば、世の中にそんなに一見して面白い仕事はない。仕事を「面白くしているか」どうかだけの違いである。

「フィッシュ」という本を読んだ人も多いだろうが、その中に出てくるパイクプレイス魚市場はまさにそうだ。元々、赤字で潰れそうだったシアトルの魚屋さんが、どうせ仕事をするなら、楽しんでやろうと自分たちで工夫したお話である。私はモデルとなったジョン横山社長にシアトルまで会いに行き、直接話を聞いた。彼らが考えだしたのが、魚を売ることをエンターテインメントにすることだ。魚投げパフォーマンスをはじめ、お客さんと冗談を言い合ったり積極的に関わった。結果的に大変な人気店になり、全米屈指の面積あたりの売り上げを誇るまでになった。

そごうは２０００年の経営破綻後、２００３年には民事再生手続きを終え、再建を果た

した。当然、このプロセスにおいて従業員の欲求は大きく損なわれただろう。しかし、顧客ニーズの変化に対応した店舗作りを行い、顧客の満足度を高めることができる新たな業態モデルの検討を進めていた。2005年9月に復活した心斎橋本店でも、今までどこにもなかった新しい時代の百貨店づくりに挑戦している。接客で心掛けていることは、「一人ひとりがエンターテイナーでなければならない」ということ。お客様のよい買い物・満足のために、楽しい会話、喜んでもらえるもてなしが徹底されている。

そごうの新しいもてなしの象徴となっているのが、「祭組」である。全店の応募者から選ばれた十数人の社員を芸能プロダクションで1年間訓練し、本格的なエンターテイナーとして育成。そごう劇場やさまざまな店頭イベントなどで活躍する一方、通常はそれぞれの売り場でお客様の買い物をサポートしている。彼らの積極的な活動がおもてなしの模範として、さまざまな店員たちに良い影響を与えている。

また、こんなユニークな例もある。工事現場で人の誘導をする警備員である佐藤修悦さんという男性が作った「修悦文字」という書体がある。これは、佐藤さんが通行人を安全に誘導するために、看板に「こちらをお通りください」と、テープを切って貼って作った文字が特徴があって、かわいいことから、「修悦文字」として人気沸騰なのだ。

テレビで取材されたり、有名人まで、修悦さんに文字を作ってもらったり、過熱している。工事現場の警備という地味な仕事であっても、工夫次第で「楽しみの欲求」や「力・価値の欲求」を満たすことは可能なのだ。

初めから面白い仕事はない。いかに仕事を面白くするかが大事である。

4．ゲーム感覚で楽しく取り組む

私がかつて所属していたリクルートは、何でも仕事をゲーム化して楽しむ会社であった。たとえば、営業におけるノルマは非常に厳しく、また営業マン同士の競争も激しいのだが、悲壮感は全く無かった。それはノルマや競争をゲーム化して「楽しく」していたためである。営業のキャンペーンが始まると、朝礼で庶務がドンドンと太鼓をたたいたり、事務のメンバーがタンバリンを叩きながら、営業マンを鼓舞したりした。決して管理職が鬼の形相で檄を飛ばすのではない。オモシロおかしくやるのだ。また、営業メンバーを競馬の馬に見立てて、馬名をつけ、事務のメンバーがどの馬が勝つか予想をしたりもした。不謹慎かもしれないが、皆で厳しい状況を精一杯楽しんでいた。

こういった一見、馬鹿げた行動も「楽しみの欲求」を満たすので、効果は大きいのだ。

5. 学びは最大の楽しみ?

意外に思われるが、「学び」は「楽しみの欲求」の代表的な要素である。そもそも「学び」とは、人が生きていくうえで不可欠な行為である。人は生まれて来た時には、知識や知恵は身につけていない。そして、人は肉体的にはそんなに強い動物ではない。だから、知識や知恵を獲得していかなければ、生き延びていくことができない。これが「学び」の役割である。もし「学び」が苦痛なものであれば、人は「学び」を放棄するだろう。「欲求(インナードライブ)」はヒトが生きていく上で必要な機能だから、「学び」は元来、苦痛ではなく、「楽しみ」として設計されているのだ。

しかし、多くの人は「学び」に苦痛の印象を持っている。「学生時代から勉強はイヤだった」と言う人は多い。実はこれには、別の理由が存在する。たとえば、学校では校則や厳しいルールによって「自由の欲求」が阻害されることがある。そうすると、「学び」そのものが苦痛であったかのような誤解が生じてしまう。

あるいは、人と比較され劣等感を味わうことがある。そうすると「力・価値の欲求」を阻害されて、「学び」に否定的な印象を持ってしまう。実は、「学び」そのものと成績や順位は関係無いにも関わらず、こう結論づけられてしまう。

しかし、「学び」そのものは「楽しみ」である。だから、学校の勉強はあまりしなくても、趣味のサッカーの本は熱心に読む人がいる。学生時代はあまり勉強しなかったのに、社会人になって、急に勉強熱心になる人がいる。定年になってから、新しい語学を勉強したりする人もいる。これらは、明らかに「楽しみ」で行っているものだ。他人に言われなくても、自律的に熱心に行っている。

つまり、「楽しみの欲求」を満たすことは、自律を促すのだ。

仕事を通じて、どういう「学び」ができるかを明確にすることが必要である。これを整理し、提示できれば、社員に自律を促すには大いに効果がある。

ここ数年、若手の早期の離職が問題になっているが、その大きな理由が「この会社では成功できない」と思い込むことだ。だから、「学び」の要素が多く成長できる仕事だと認識することが重要である。それによって「楽しみの欲求」と「力・価値の欲求」を満たすことができる。

職場における生存の欲求の満たし方

職場で生存の欲求に最も大きな影響があるのは、雇用の問題だろう。リストラをどんどんしながら、利益を出していくやり方では必ず従業員のモチベーションは下がってしまう。

これまで23社の赤字会社を買収し、すべての企業の黒字化に成功してきた日本電産の永守社長は、人員削減をしない方針で再建を果たしてきた。この理由をこう説明している。

「人間の能力の差は、通常は2倍ぐらいでしょうか。ところが、人間のやる気は、100倍ぐらいの差がある。能力がないからとその首を切りますと、ほとんど切らなければならなくなる。業績が落ちている時は、経営者も社員もやる気が落ちている。それを上げていけば当然、業績が良くなってくるということです」

買収された企業の従業員にとっては、生存の欲求を脅かされることなく、安心して仕事に取り組むことができるのだ。

1. 危機感で人を走らせることは可能か

しかし、解雇の危機や倒産の危機があるから、人は頑張って働くのではないか、という意見もある。

私もよく、クライアントから「ウチの社員は危機感が足りない。もっと危機感を持たせて欲しい」と相談される。

しかし、「危機感」で人を走らせることは可能なのか？

ある社長は「危機感」危機感なんて使えない。克服したら元に戻るから」と言っている。「危機に瀕して危機感を持つのは、動物の本能だから当然ですよ。ところが、危機感の使えないところは、それを克服してしまうと、みんな、ああ、危機は去ったと思って、また元に戻ってしまうところです。つまり、危機感は持続させることが難しい」。

私は「危機に瀕しているにも関わらず危機感を持たない」人が多くいることを知っている。例えば、完全歩合の組織で売れない営業マンは給与がどんどん減っていく。生活できないくらいまでに下がってしまう。まさに危機に瀕している。普通に考えれば、危機感を持って必死に働くはずである。もちろん、目の色を変えてこの状況から脱出しようとする人もいる。しかし、不思議なことにそうならない人が結構存在するのだ。

そういう人は目の前の現実から目をそむける。そうやって平静を装う。同じ危機的な状況でも危機感を持つ人と持たない人がいるのだ。

だから、危機感を煽って頑張らせようというマネジメント手法はお勧めできない。

そもそも、同じ危機的状況でも危機感を持つ人と持たない人がいるのはなぜだろうか。それはＷａｎｔｓイメージの問題である。危機感を持つ人は「こうありたい！」というイメージが鮮明なのである。

トヨタはあれだけ稼いでいても、危機感を持っている会社だと言われるが、私もこんな体験をしたことがある。

あるトヨタ社員は真顔で私に言うのだ。「真田さん、トヨタは今、大変な危機状況なんです。なんとかしないと大変なんです」私は耳を疑った。２兆円も利益が出ていて、何が危機なの？でも彼は真剣だった。もちろん、危機とは言っても、彼も今すぐトヨタが倒産すると思っている訳ではない。これは、彼のＷａｎｔｓイメージにある、理想のトヨタ像と実際のトヨタの状況が離れてしまうという危機意識なのだ。

だから、「こうありたい！」という強い強い思いが無ければ危機感が発生しない。

危機感と言うよりも危機意識と言った方がしっくりくるが、危機意識を持ってもらおうとしたら、「危ないぞ！」と脅すのではなくて、「こうありたい！」というＷａｎｔｓイメージを鮮明にする方がはるかに効果が高い。

また、雇用の問題以外で職場での生存の欲求を脅かすものに、「長時間労働」「パワハラ」、職場によっては「安全管理」などのリスクがある。またこれらが悪化して「メンタルヘルス」の問題に発展することもある。これらを解決することで従業員の欲求阻害を防ぎ、安心して本来の能力を発揮することができる。

2．ワークライフバランス

どんなに給料が良くても毎日のように長時間労働が続く職場では、生存の欲求を阻害し、モチベーションが下がってしまう。昔はワークライフバランスという発想はなかったが、やはり継続して良い仕事を続けるにはバランスが必要である。

例えば長時間労働の結果、家庭を顧みず家族間で問題が起きれば、家庭で「欲求（インナードライブ）」が満たせず仕事にも影響が出る。

「無印良品」を展開する良品計画（東京）は本部勤務社員を対象に原則として残業を禁止した。生産性の向上を目指した結果、仕事の終わりを決めることにより無駄や無理を省くことを目指している。やむを得ず残業をする場合は、事前に理由を届け出る。届け出がなく居残る社員には、館内放送や見回りで退社を促す。

ノー残業の実施に併せて、各自の年間スケジュールと仕事の手順を細かく定めた。それまで頭の中にあった仕事を目に見える形にすることで、誰でも仕事を代われるようにしたのだ。松井社長は「子育て、趣味、勉強など、社員には視野を広げてほしい。仕事と生活の調和は、生産性を上げる武器」と話す。

2．メンタルヘルス

財団法人労務行政研究所の調査結果によると、6割以上の企業に心を病んで休職している社員がいるらしい。

産業医や産業カウンセラーを置くなど、対策を取っている企業は多い。

しかし残念ながら、多くの場合は対症療法に終始している。

最終的には精神科医で薬をもらうのだが、グラッサー博士によると薬では、メンタルヘルスの真の問題は解決しない。

そもそも、鬱の従業員が出るということは、単にその従業員の問題ではない。それは組織の症状である。症状があるということは、それを生んでいる真因があるはずだ。

その真因は、職場で従業員が健全に欲求充足できないという職場の歪みである。

鬱は、主に次の4つの理由から起きる。
①否定的な考え方、②人間関係の悪化、③栄養の問題、④運動、である。これらの理由によって健全な欲求充足ができないことによって起こるのだ。
そして実はメンタルヘルスの問題とモチベーションの問題は同一の問題である。

図⑳

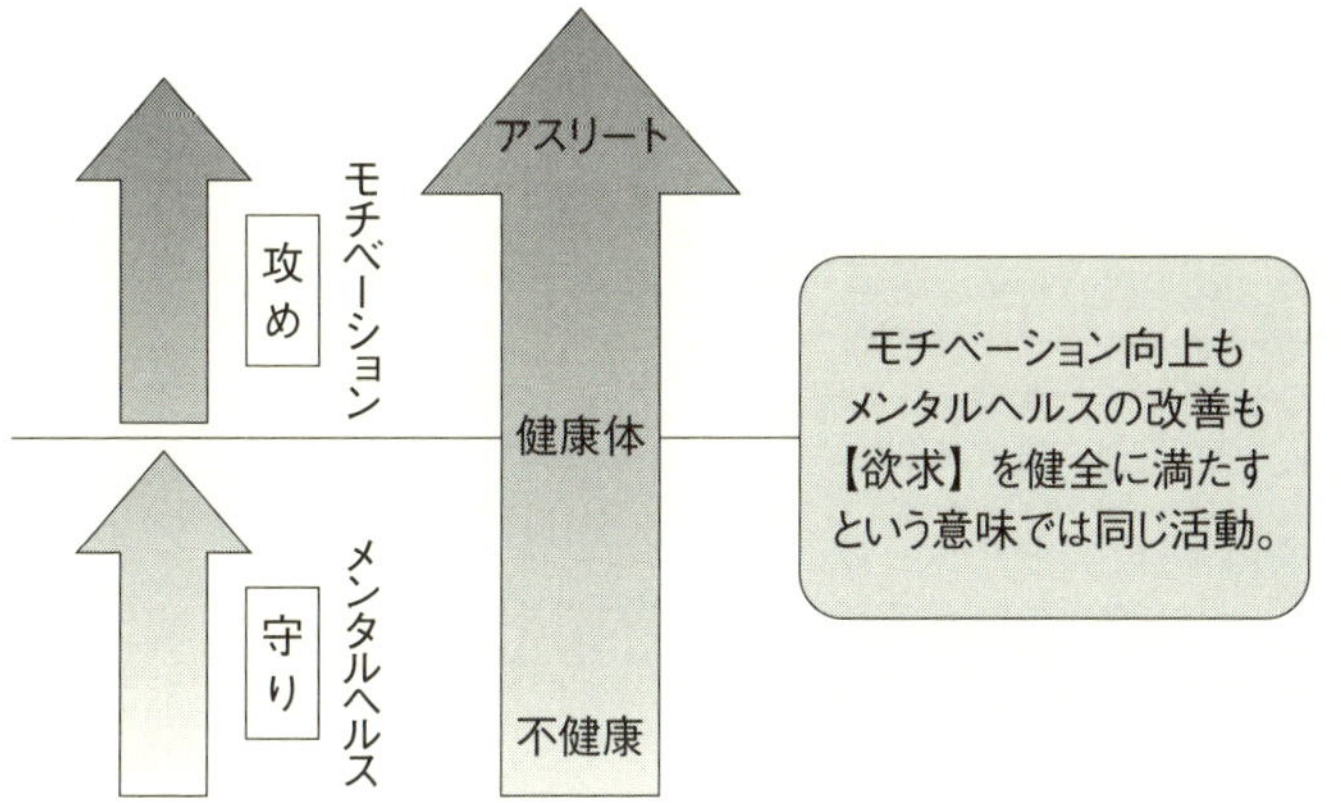

要するに「欲求（インナードライブ）」を健全に満たせていないことがメンタルヘルスの問題であり、反対に健全に満たす時にはモチベーションがあがり、自律的行動につながる。

つまり、メンタルヘルスの問題とモチベーションの問題は欲求充足の程度の差だけであり、同一の問題である。

だから、メンタルヘルスの対策はモチベーション向上の対策でもある。辛い人を救うだけでなく、業績向上にもつながる施策なのだ。

(2)クオリティタイムの大きな効果

従業員が欲求充足できる組織を創っていくうえで、「クオリティタイム」を創ることが大変効果的である。クオリティタイムとは「組織のメンバーがお互いを意識しながら協力して創り上げる欲求充足できる良い時間」と定義できる。そこにはお互いが協力して欲求充足できる環境を創る協力関係がある。

クオリティタイムにはいくつかの要件がある。

クオリティタイムは相手を意識するものなので、例えばカップルが一緒に「映画を観る」ことはクオリティタイムとしてはあまり効果は高くない。むしろ、テニスをしたり卓球をする方が相手を意識するので効果が高い。同じく、外食するよりも、一緒に料理を作った方が効果は高い。

そして、クオリティタイムはお互いが価値があると認めたものなので、相手を意識していても、嫌なこと、無意味だと思っていることでは効果は無い。

また、クオリティタイムは努力が必要なものなので、何の苦労もなくできることではなく、多少負荷があった方が効果が高い。

例えば、学生時代の文化祭の準備などは、お互い価値を認めていて、しかもかなり苦労

図㉑

クオリティタイム

お互いを意識しながら協力して創り上げる欲求充足できる良い時間

・相手を意識するもの
・お互いが価値あると認めたもの
・努力が必要なもの
・繰り返し行えるもの
・限られた時間でできるもの（できれば30分以内）

参考：「リアリティ・セラピーの理論と実践」ロバート・ウォボルディング（アチーブメント出版）

もして準備をしたので、そのプロセスで仲間意識が醸成され、お互いに欲求を満たし強力なチームになった。この現象に似ている。

ただ、文化祭の準備と違う点は、クオリティタイムは繰り返しできることが必要なことである。理想は毎日できるもの。何故なら、私たちは「欲求（インナードライブ）」を毎日満たす必要があるからである。

繰り返しできるには、限られた時間でできる必要がある。できれば30分以内が望ましい。

職場より家庭の方がイメージしやすいかもしれない。「夫婦で一緒に料理を作ることが仲良しの秘訣です」という知人がいるが、これはまさにクオリティタイムを実践していると言える。

職場でのクオリティタイムにはどんなものが考えられるだろうか。職場環境によってできることは違ってくるだろう。

クックパッドという会社には、オフィスにキッチンがあって、社員が自由に集まって料理を作って食べることができる。一緒に食べるだけでなく、一緒に作るという共同作業を通じて、お互いが欲求を充足し合い、団結力が強まっている。しかし、これは料理サイトを運営している会社の特殊事情といえる。

職場でのクオリティタイムの代表格は「掃除」であろう。イエローハット創業者の鍵山秀三郎氏が提唱した「掃除道」は有名である。鍵山氏の「トイレ掃除をすると会社が変わる」という言葉を不思議に思うかもしれないが、よく考えてみれば皆でする「掃除」はクオリティタイムの要件を全て満たしている。だから、会社が変わることの原動力になるのだろう。

是非、自分の職場でできるクオリティタイムを創ってみて欲しい。

組織変革のための4つのレベル

「組織を良くしていこう」「問題を解決していこう」とした時に、最も大きな障害になることは、多くの場合、問題解決手法そのものではない。そのことに協力し合って本気で取り組んでいくチームワークやモチベーションを作る難しさである。

だからコンサル会社に依頼して立派なプランを作成してもらっても、絵に描いたモチで終わってしまうことが多い。

そもそも変革の必要に迫られている組織には、高いモチベーションや良好なチームワークは無い。そして、それを解決するための本音の話し合い自体ができない状況だ。いくら会議を開いて、問題解決の話し合いをしようとしても、本音が出なくては無意味である。形式だけの結論を出してみても、何も変わらない。

こういった状況を解決するには次の4つのレベルを順番にクリアする必要がある。

本丸である問題解決の話し合いは最終段階のレベル4である。それにもかかわらず、いきなり問題解決の話し合いをするのは無謀である。これでは決裂するか、本音を言わず適当にお茶を濁すかのどちらかになってしまう。

その前にすべきレベル3は、問題解決ではない会話である。日常の雑談などもこれに入る。コミュニケーションをとって関係性を向上させて、レベル4に向けた準備をするわけだ。

よく、組織変革のワークショップでの「気軽に真面目な話」とか「自己開示」や「ダイアログ」を半日や場合によっては1日かけてやることがあるが、それはこのレベル3から

図㉒

関係を築く４つのレベル

レベル4）話し合い、問題解決（おだやかに、前向きに）

レベル3）会話、コミュニケーション

レベル2）一緒に何かをする　**クオリティタイム**
（お互いに楽しいと感じる努力の必要な事）

レベル1）一人で何かをする（楽しいこと、努力の必要なことを一生懸命する）

参考：「リアリティ・セラピーの理論と実践」ロバート・ウォボルディング（アチーブメント出版）

のアプローチである。

しかし、いきなりレベル3から始めるのでは非常に時間がかかる。

それよりもっと効果的な方法がある。レベル2の実施である。それはいざという時に初めて何かをするのではなく、日頃からクオリティタイムを実施しておくのだ。この方がはるかに効果があるし、時間短縮もできる。そもそも、日頃の失敗をわずか半日や1日で解消しようというのは無理である。

そして、このレベル2の前にやるべきことがレベル1の「一人で何か欲求充足」をすることである。うまく行っていない組織のメンバーはそもそも一人ひとりが健全に欲求充足できていないことが多い。

欲求充足ができていないメンバーが集まると、どうしてもエネルギーが解決に向かわず、歪んだ方向に向きがちである。だから、まずは一人ひとりが自分で欲求充足をする努力をすべきなのだ。

この４つのレベルを順にクリアしていけば、問題解決は効果的になされ、組織を変革することも可能になる。

(3)Wantsイメージを鮮明にする

人が自律して行動するには、「欲求(インナードライブ)」を満たす必要があるが、この欲求を満たす理想のイメージであるWantsイメージが明確になった時、人は最もモチベーション高く自律的に行動することができる。

上司は部下のWantsイメージを鮮明にする支援をすべきである。

上司ができることは、問いかけてあげることである。

しかし、その時に大切なことがある。人は信用していない相手に本当の話はしないということだ。

だから、Wantsイメージに関する質問する前に日頃から部下の欲求充足をする関係を作っておくことが必要である。

積極的傾聴の価値

そして、質問する際にも相手の欲求を充足させながら「聞く」ことが必要である。

それが、いわゆる「積極的傾聴」である。

積極的傾聴とは、「あなたの言わんとするところを、わかろうとして一生懸命『聞いて』いますよ」ということを発信しながら「聞く」ことだ。

積極的傾聴には単に人の話がよく理解できるだけではなく、話し手を心地よくさせ、話し手が積極的傾聴をしてくれるあなたに好意を抱く効果がある。それによって、あなたに協力したいという気持ちが起こる。

組織で成功するには、他人の協力を得る技術が不可欠だが、積極的傾聴はその基本中の基本ともいえる。

部下のＷａｎｔｓイメージに入る

１．尊敬できる関係、できない関係

Ｗａｎｔｓイメージには人も入る。そして、人間は自分のＷａｎｔｓイメージにいる人の期待に応えたいと思うため、Ｗａｎｔｓイメージにいる人の言うことに素直に従う傾向がある。

例えば、自分にとって耳の痛いことを言われたとする。決して嬉しくないことだが、相手がＷａｎｔｓイメージにいる人、つまり心から尊敬したり好きな人だったらどうだろう？　つまりＷａｎｔｓイメージにいる人だったら、受け止めることができるだろう。「言いにくいことを言ってくれてありがたい。これは愛のムチだ」と理解できるのだ。

ところが、Ｗａｎｔｓイメージにいるどころか、見下しているような先輩から同じことを言われたとしたらどうだろうか？　たとえ言われている内容が事実だとわかっていても、決して受け入れることはできないと思う。

「お前が言うなよ」

「オレだって色々事情があるのに、好き勝手言いやがって……」

内容がどうかではなく、その人から言われたこと自体が不愉快なのだ。人は内容よりも、関係性の方に強く影響を受けるのである。

相手のWantsイメージに入っていれば、こちらの伝えたいことはきちんと伝わる。正面から受け止めてもらえる。しかし、相手のWantsイメージからかけ離れたところにいれば、言ったことを素直に受け取ってもらえない。うがった見方をされる。相手のためを思って言ったことが、曲解される。非常に残念なことだ。

したがって、後述するエンパワーマネジメントの極意は、部下のWantsイメージに入ることにある。

2．部下のWantsイメージへの入り方

では、どうすれば部下のWantsイメージに入れるのだろうか？

Wantsイメージとは、自分の「欲求（インナードライブ）」を満たす理想のイメージである。

Wantsイメージへの入り方には2通りある。

1つは、専門性などで尊敬を得ることだ。高い専門性は憧れにつながる。

もう1つは、日常の関わりの中で部下の「欲求（インナードライブ）」を満たす関わり

をすることだ。そうすれば、自然と部下のＷａｎｔｓイメージに入ることができる。

また、いくら専門性が高くても日常的に接している上司部下の関係であれば、日頃の関わりの方が影響が強くなる。

その意味で先ほどの積極的傾聴は、とても効果的な手法だといえる。なぜなら、人間は積極的傾聴で話を聞いてもらえば、愛・所属の欲求、力・価値の欲求、自由の欲求といった「欲求（インナードライブ）」を満たすことができるからである。

(4)健全なギャップを創る

大きな不満がある訳ではないが、ゆでガエル状態で活力の無い組織がある。こういう組織では、多くのメンバーが現状維持で満足している、いわゆるマンネリ状態である。

こういう人たちは、Ｗａｎｔｓイメージが「現状維持」なのだ。だから、何の努力をしなくても天秤がつり合っている。「改めて何か行動しよう」といったモチベーションは到底起きず、自律など程遠い。

彼らのモチベーションを高めて、自律的な行動を引き出すにはＷａｎｔｓイメージと現状認識のギャップを創るしかない。

その方法は２つある。

自分を客観視して「本当の自分」と向き合う

ひとつは自分を客観視し、現状認識することだ。人間は往々にして、実際には不十分な仕事ぶりにもかかわらず「できているつもり」「やっているつもり」になりがちである。

つまり、本人の中での現状が実際以上に大きいものとして認識されている。このままでは、本人の中では天秤がつり合っている。

そこで、自分を客観視して、「本当の自分」と向き合うように指導する必要がある。

次の2つの方法によって、「自分の姿」を客観的に見ることができるようになる。

①データや資料など客観的情報を見せて、自分の現状をどう感じるか話してもらう。

自分で自分の姿が見えていないのは、多くの場合、客観的情報に触れていないことが原因になっている。

自分に都合のいい情報だけで、自分を美化しているのである。気づきを促すには、まずは客観的情報に触れることが必要になる。

②「できていること」を話してもらい、次に「まだしていない、できていないこと」を話してもらう。

人間は最初にプラスの面を認めてもらえると、マイナス面を受け入れる心の余裕ができる。逆に、プラス面には一切触れず、マイナス面のみ取り上げられると、欲求が阻害されるので、誰でも反発したり言い訳したくなる。

だから、最初に「できていること」を話してもらいプラス面を認め、マイナス面を受け入れる心の余裕を作った上で、「まだしていない、できていないこと」を本人に話してもらうようにすれば、自分を客観視することができるようになる。

このいずれの方法も、重要なことは決して結論を押し付けないことである。上司の目から見て、いくら「君の実際はこうだろう!」と思っても、上司が結論を出すのではなく、本人に結論を出してもらう必要がある。何故なら、他者評価は効果が無いからである。

人は自分で気づいた時にしか納得しない。自己評価以外では効果がない。

あくまで自己評価のための参考情報を提供するというスタンスを守るべきである。

Wantsイメージを貼りかえる

ギャップを創るもう1つの方法は、Wantsイメージを「現状維持」からもっと質の高いものに変えることである。このやり方を説明する前に、Wantsイメージの中に何が入っているか説明しておきたい。

1．Wantsイメージには質の悪いものも入っている

Wantsイメージは自分の「欲求（インナードライブ）」を満たす理想のイメージの世界である。決して、社会的に質の高いものが集まっているわけではない。

極論だが、麻薬中毒者のWantsイメージには「麻薬」が入っている。麻薬は質が高いどころか犯罪である。しかし中毒者本人の「欲求（インナードライブ）」を満たしているので、彼のWantsイメージには入っている。同じように、Wantsイメージに「現状維持がいい」「仕事は程々がいい」という価値観を持っている人もいる。

人間はWantsイメージが鮮明であれば、それを実現しようと自然と行動するので、質の低いWantsイメージを持っている限り、良い仕事や高い業績を残すことが難しく

なる。

質の低いイメージはＷａｎｔｓイメージから外したいが、これは簡単ではない。なぜなら、いくら社会的に質の低いイメージであっても、本人の「欲求（インナードライブ）」を満たしているという事実があるからである。単純に手放せば、「欲求（インナードライブ）」を満たせなくなるのだ。だから、なかなか手放さない。これを手放し易くするには、代わりに「欲求（インナードライブ）」を満たす新たなイメージが必要になる。つまり、Ｗａｎｔｓイメージの貼りかえが必要になる。

２．Ｗａｎｔｓイメージの貼りかえには情報が必要

Ｗａｎｔｓイメージは決して固定されたものではなく、日々新しいものが加わったり、貼りかわったりする。しかし、そのためには新しい情報が必要になる。なぜなら、Ｗａｎｔｓイメージはイメージの世界なので、情報がなければ湧いてこないのである。

例えば、良い仕事をしていなかったり、モチベーションの低い人の中には、良い仕事や良い仕事をする人とあまり触れてこなかったケースが多い。

業績が悪くモチベーションの低い人は同じような人と付き合う。モチベーションが高く、普段から高い業績を上げピカピカ光っている人と親しくしていることはめったにない。だ

から、Ｗａｎｔｓイメージの貼りかえがなかなか起きないのである。

部下が質の高い情報に触れる機会を作ってあげる必要がある。

３．Ｗａｎｔｓイメージを貼りかえさせる仕掛け

日産自動車のある研究所では定期的に異業種の研究者を招いて交流するというイベントを開いている。それは、良い仕事をしている他社の研究者と触れ合うことで、「格好いいなぁ。私もあそこまですごい研究をしたい！」とＷａｎｔｓイメージの貼りかえを起こすためである。上司が「もっと良い研究をしろ！」とはっぱをかけなくても、上質な情報に触れることで、自然と貼りかえが起きるのだ。

いつも同じ情報にしか触れていなければ、Ｗａｎｔｓイメージの貼りかえは起きない。情報には書物、映画、環境、経験などさまざまなものがある。しかし最も影響が大きいのは人である。だから、誰と付き合うかは極めて重要なことだといえる。

いつもと同じメンバーと昼ごはんを食べ、いつもと同じメンバーと飲みに行き、いつもと同じ話題……。これでは貼りかえは起きない。いわゆるマンネリ状態になる。

時には他部署のできる人と交流すべきである。時には社外のできる人と交流すべきである。上司として、それを支援すべきである。

（5）OSを内的コントロールにバージョンアップする

ところで、第2章で述べたように、人や組織の「ヒューマンスキル」はOSとアプリケーションに分けて考えることができる。

多くの人は外的コントロールの感覚を身につけている。また、多くの企業は外的コントロールで運営されている。人と組織を自律させるには、OSを外的コントロールから内的コントロールにバージョンアップさせる必要がある。外的コントロールは「他人を外からコントロールすることができる」という考えである。

私たちは自分が何を変えることができて、何を変えることができないか、知っておくべきである。

「変えられるもの」と「変えられないもの」を区別する

自分が直接「変えられるもの」と直接「変えられないもの」を分けて整理すると図のようになる

1．過去は変えられない、未来は？

「過去」が変えられないことに異論を挟む人はいないだろう。しかし、「変えられるもの」に「未来」が入っていないことを不思議に思う人も多いだろう。しかし、これは直接「変えられるもの」のリストである。「未来」を直接、変えることはできるだろうか？「現在」に手をつけず、直接未来を変えることなどできるのだろうか？

「未来」は「現在」の結果である。「現在」を変えれば、結果として「未来」は変わるが、「現在」に手をつけずして、直接「未来」を変えることはできない。しかし、このできないことをしようとする人は案外多いので気をつけたい。例えば、「将来はこうなりたい」「将来は、あんな風にはなりたくない」と「未来」を望んでいるにも関わらず、今、目の前の「現在」がお留守になっている人である。「未来」を変えたいのなら、今、目の前の「現在」を変えることでしかできない。目の前の「現実」を変える努力なくしては、「未来」を変えることはできないのだ。

2．自分の中の変えられるもの

「自分」は変えられるものだが、実は自分の中にも「変えられるもの」と「変えられないもの」がある。

図㉓　「変えられるもの、変えられないもの」

直接変えられる	直接は変えられない
自分 （行為、思考） 現在	他人 環境 過去

人間の行動は「行為」「思考」「生理反応」「感情」の４つに分解することができるが、直接変えられるものは「行為（アクション）」「思考（ものの見方、解釈など）」である。変えられないものは「生理反応」と「感情」である。

例えば、いくら自分のことであっても、胃酸の量を自分でコントロールすることはできない。また何もないのに、急に楽しい気分になったり、急に絶望的な気分になったりすることもできない。だから、落ち込んでいてモチベーションが下がっている時に、「憂鬱な気分」を直接「楽しい気分」に変えることはできない。

では、こういう場合にどうやってモチベーションを回復させたらよいのだろうか？

その鍵は、人間の行動のメカニズムにある。また、車にたとえて説明してみよう。

人間の行動の４要素「行為」「思考」「生理反応」「感情」を車のタイヤに当てはめてみると、その仕組みがわかりやすい。

４つの要素を前輪と後輪に分けてみる。

図㉔

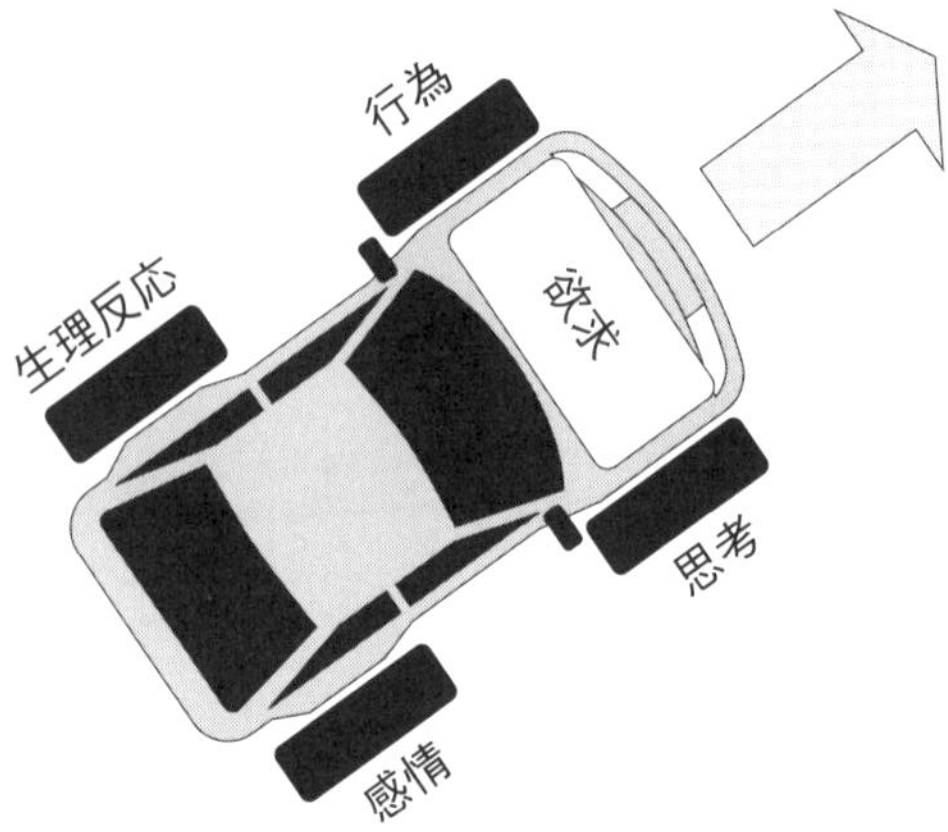

車の前輪は、ハンドルを右に切ればすぐに右に傾く。つまり直接変えられるものだ。しかし、後輪はハンドルを右に切ってもすぐには変わらない。つまり直接は変えられない。

そして、「行為」と「思考」が前輪、「感情」と「生理反応」が後輪に相当する。だから、「憂鬱な気分」を直接「楽しい気分」に変えることはできないのだ。

ところが、後輪は次のような特性がある。前輪が右へ傾いて走行すると、後輪は遅れて前輪に従い右に傾く。つまり、後輪は前輪に従うのだ。

だから、「感情」と「生理反応」を直接変えることはできなくても、「行為」と「思考」を変えれば、結果として「感情」と「生理反応」も変化するのである。

例えば、部下の「感情」が落ち込みや憂鬱にあったとしたら、まず「行為」や「思考」を変える指導すれば良い。

3．他人を変えることはできるのか？

環境はともかく、「他人を変えられない」ことについては、納得できない人も多いだろう。「他人を変えられないのでは、マネジメントのしようがないではないか！」といった声が聞こえてきそうだ。

しかし、ここで言っているのは「直接変えることはできない」ということであり、結果として変わることはいくらでもある。「私たちは他人に影響を与えることはできるが、影響を与えることまでしかできない」という言い方もできる。

このことを理解しやすくするために、例えば中学生の頃のことをちょっと思い出してみて欲しい。私たちは中学生の頃、両親や学校の先生、部活の先輩など、さまざま人たちから影響を受けてきた。しかし、影響を受けたからといって、いつもいつも言われた通りに行動していただろうか？ そんなことはないはずである。「あれだけうるさく言われたにもかかわらず、あえて違う行動をした」という経験は誰にだってあるはずだ。

そして、今、私たちは人に影響を与える立場にもなった。私たちは人に影響を与えることはできる。しかし、それを受け入れるかどうかは最終的に本人が選択しているのだ。いくら上司であっても、そこまでコントロールすることはできない。

しかし、勘違いしないで欲しい。他人や環境を直接変えられないからといって、「あきらめろ」と言っているのではない。「部下を成長させたい」「職場を良くしたい」と思うことは大切なことである。しかし、それを実現するには順番があるのだ。

先日参加したある組織変革フォーラムのことである。組織変革を成し遂げ、それをビジネス小説として執筆したあるビジネスマンがこう語っていた。「はじめは、失敗しました。なぜなら、『会社を変えよう』と思っていた僕の意識の中での会社とは、僕以外の人のことでした」。つまり、自分は変わる必要がなくて、自分以外の人間だけ変えるべきだと思い、「お前は変われ！」と働きかけていたのだ。当然、それは反発を招くだけで功を奏することはなかった。

「失敗をして気づいたんです。『会社を変えよう』と思っている間は会社は変わらなかった。でも、『自分を変えよう』と思ったら会社が変わった」

つまり、外的コントロールで直接、他人や会社を変えようとしても、それはできなかった。しかし内的コントロールでまず自分が変わることで、影響力を高め、結果として他人や会社が変わってくれたと言うのだ。

この順番が重要なのだ。私たちは、つい自分のことを棚に上げて、他人に「変われ」と言ってしまう。でも、言われた方からしてみれば、「お前が先に変われよ」と思うだけだ。

4．自分ができること

部下や職場を良くするために、上司ができることは、影響力を高めることである。そのためには、まずは自分が変わることである。周囲のせいにせず常に自分を見つめ直し、自分の行為と思考を変える。自己変革をして向上し続ける人は周囲に対して大きな影響力を持つことになる。一方、自分のことも中途半端なのに、他人にだけ厳しく注文をつける人は、決して信用を得られないだろう。

例えば、言われたことしかしないモチベーションの低い部下がいるとする。当然、その部下に変わって欲しい。でも、「変われ」と言って変わるなら、とっくに変わっている。

こういう部下には欠点ばかり目につくものである。そうすると、良い点があっても見逃してしまう。常に否定的な視線を送られていては、部下は上司への信頼感を持てない。その結果、仕事ぶりにも影響が出る。

そこで、部下の長所を探してみようと努力をする。長所に目が向けば、自然と接し方も変わる。部下もそれを感じると、上司への信頼感が回復する。その結果、上司の期待に応えようと積極的な仕事をする可能性が高まる。これは部下を直接変えているのではなく、自分の「思考」と「行為」を変えたのだ。

例えば、今まで仕事を与える時に、忙しいからと言って、その仕事の目的や背景をあまり丁寧に説明してこなかったとする。もし、部下がその仕事の目的をよく理解できなければ、その仕事へのやりがいをあまり感じることができずモチベーションが高まらない。また、背景や目的がわからないと、自分で工夫することが難しくなる。その結果、言われたことしかしない受身の仕事ぶりになる。

そこで、仕事を与える時に、仕事の全体像を共有することにきちんと時間を使ってみる。目的・目標、背景、守るべき基準・ルール・価値観、役割、具体的プランなどをしっかり説明する。そして一方的な説明だけでなく、どれだけ理解できているか質問をしてみたり、逆にわからない所を質問をさせてみる。お互いが共通の理解になるようにしっかり打ち合わせをするのだ。また、いざ仕事が始まったら進捗状況もしっかり共有する。その結果、部下は仕事の意義を感じモチベーションが高まる。また、十分な情報があるので、創意工夫もできるようになる。

これは、部下を直接変えたのではなく、自分の「思考」と「行為」を変えたのだ。

「変えられるもの」「変えられないもの」の考え方を部下に伝える

1．モチベーションの高い人

モチベーションが高く成果を収めている人は、「変えられるもの」と「変えられないもの」の区分けがついていて、変えられないものに時間やエネルギーを使わない。変えられないものをいったん、甘んじて受け入れ、自分の時間とエネルギーを変えられるものに集中投下している。

その反対に、モチベーションが低く成果を上げられない人は、「変えられるもの」と「変えられないもの」の区分けができず、気がついたら「変えられないもの」に時間やエネルギーを使っている。

例えば、他人。「あの上司が～だから、私は困っている……」

例えば、環境。「ウチの会社が今、こんな状況だから、うまくいかないんだ……」

例えば、過去。「昔〇〇をしなかったから、今こんなに大変なんだよ……」

こういうことを言う人は多いが、たとえそれが事実だったとしても、変えられないものにエネルギーを集中して得られるものはない。部下がそういう状態に陥っていたら、エネルギーの向けどころを変える必要がある。

神学者ラインホルト・ニーバーの有名な言葉がある。「変えられないものを受け入れる冷静さと、変えられることを変える勇気と、その両者を見分ける英知を与えたまえ」。

2. 部下指導での間違った使い方

ところが、「変えられるもの」と「変えられないもの」の整理軸を、間違って教える人が多いので、気をつけたい。

例えば、上司がこう言ったとしよう。

「A君、世の中には、『変えられないもの』と『変えられるもの』があるんだ。他人や環境は『変えられないもの』なんだ。『変えられるもの』は自分のことだけなんだ。だからまず君自身から変わっていけよ！」

上司は「他人を変えることができない」と言いながら、部下を変えようとしている。そしてこの矛盾に気づいていない。笑い話のように聞こえるが、これは陥りやすい罠である。

この場合、自分というのは上司自身であるべきだ。部下に変わってほしかったら、直接部下を変えようとするのではなく、上司自身が常に自分を変革することによって部下に良い影響を与えることが必要になる。

もう一つ、間違った使い方を紹介したい。

最近、部下のA君が不平不満を漏らしていたため、早速A君の上司がこの考え方を使ったとする。

A君の上司は「A君、最近いろいろ不満があるようだけど、世の中には『変えられるもの』と『変えられないもの』があるんだ。A君が言っていることは、どっちにあたるのかな？」とA君に言う。するとA君は「変えられないもの、ですね……」と答える。

それを受けてA君の上司が「では、変えられるものには何があるの？」と聞いた。A君は「それは、自分のことですね……」と答えるしかない。

そこで上司は言う「そうだろ。だから、まず自分を変えてみろよ」

一見、理屈が合っているようにみえるが、これも部下を変えようとしている。これではA君にとって「なんだ、結局、『我慢しろ』ということか！」となってしまう。これでは逆効果だ。

このように部下に我慢させる道具として誤用することが往々にして起こる。よかれと思い無意識のうちに他人を変えようとするのである。

3．変えられるものとWantsイメージ

Ａ君の上司のような誤った使い方をするもう一つの理由は、「変えられるもの」と「変えられないもの」の切り分けは、何のためにあるのかという考え方の前提条件が抜けているためでもある。

「変えられるもの」と「変えられないもの」の整理軸を使うのは、会社のためでも、上司のためでもない。もし会社のため、上司のために、他人や環境のことは諦めて、自分のことに集中しなさい、という意味合いで使われたら、こんなにモチベーションが下がる話はない。

この整理軸は、自分自身のＷａｎｔｓイメージを手に入れるために存在するのだ。

まず、自分自身のＷａｎｔｓイメージがあり、それを実現するために、自分はどこにエネルギーを注いでいるのかを確認する。もし変えられないものにエネルギーを注いでいるなら、それを改めて、自分の「思考」をどう変えたらＷａｎｔｓイメージの実現に近づけるだろうか、自分の「行為」をどう変えたらＷａｎｔｓイメージの実現に近づけるだろうかを考えて軌道修正していくための整理軸である。

逆に言うと、Ｗａｎｔｓイメージが鮮明でないと、この整理軸はあまり使えない。

なぜなら、気になって仕方のない「他人」や「環境」「過去」をいったん受け入れて、

自分のことに専念するには相当のセルフコントロールが必要である。そこまでのことができるには、そこまでしてまでも、手に入れたいもの、つまりＷａｎｔｓイメージが必要だからである。だからＷａｎｔｓイメージがなければ、そんな大変なセルフコントロールは到底できないはずだ。

だから、部下に「変えられないもの」と「変えられるもの」の整理軸を伝える時には、同時に部下のＷａｎｔｓイメージを質問すべきである。

(6)コントロールマネジメントからエンパワーマネジメントへの転換

組織のOSを外的コントロールから内的コントロールに変えるには、マネジメントスタイルの転換が不可欠である。それは、コントロールマネジメントからエンパワーマネジメントへの転換である。この転換がOSのバージョンアップには欠かせないのだ。

コントロールマネジメントとは

外的コントロールの考えによるマネジメントをコントロールマネジメントと言う。また、コントロールマネジメントをするマネージャーをコントロールマネージャーと呼ぶ。

コントロールマネージャーは、部下を直接変えることができるという感覚を持っているので、自分の望むように部下を行動させることができると考えている。だから、良い行動をするように人を駆り立てる。

その際、部下の願望や欲求にあまり配慮はしない。良かれと思って喝や恐れ、褒美などの刺激を与え、強制的なマネジメントで部下をコントロールしようとする。

その結果、成功することもあるが、うまくいかないときは刺激が足りないと思い、さらに刺激を強くする。より強く喝を入れたり、恐れを与えることもあれば、もっと豪華な褒美にすることとある。

1．コントロールマネジメントでは台なしになるアプリケーション

第2章で外的コントロールのままではコーチングが使えない理由を解説したが、コントロールマネージャーのままでコーチング研修を受けても、コーチングスキルを理解しただけで終わってしまう。質問することの本当の意味を理解しないまま、相手を操る道具として技術を駆使すると、単なる誘導尋問や詰問になりかねず、結局効果はない。また、欲求充足という視点が無ければ、コーチングも人を責める道具になりかねない。

これはコーチングに限らない。ジョージワシントン大学のマイケル・マーコード博士が提唱する「質問と振り返りを重視したアクションラーニング」においても、同様なことが起きている。マーコード流のアクションラーニングのセッションは意見を述べ合うのではなく、３６０度お互いに質問をするというユニークな手法である。意見の押し付けがなく、

発言の独占が起きない質問し合うという手法は、それによってお互いが欲求充足しながら本音で話せるので、問題解決がよりしやすくなり、同時にチームビルディングもできる。クオリティタイムの要素も満たしているよくできた手法である。

しかし、コントロールマネジメントのスタンスのままセッションを行うと結局、問題提起者を責めたり、犯人探しをすることになり、本音が出なくなり問題解決が遠のいてしまう。チームの雰囲気も険悪になる。

また、固定観念に捉われない質問がブレイクスルーを起こすことができる画期的な手法であるが、コントロールマネジメントのままセッションを行うと結局、自分の意見を通すための誘導尋問になってしまう。

そして、コントロールマネジメントは部下の「自由の欲求」や「力・価値の欲求」「愛・所属の欲求」を阻害するので、上司と部下の関係は悪化し、ますますマネジメントが難しくなる。

2．コントロールマネジメントが生む依存社員

また、コントロールマネジメントを続けると、部下と組織に大きな弊害が起こる。

それは「私は他人や環境に変えられる存在だ」という部下の外的コントロールの感覚を

図㉕　コントロールマネジメントｖｓエンパワーマネジメント（Ⅰ）

コントロールマネジメント	エンパワーマネジメント
外的コントロールによって、本人が望んでいないことでも強制的に行わせようとするマネジメント	内的コントロールによって、本人が望んで行動するように導くマネジメント
人は外側から動機付けられると信じている	**人は内側から動機付けられると信じている**
自分の望むように部下を行動させることができると考えている	部下はいつも選択できると知っている
良い行動をするように人を駆り立てる	良い選択ができるように人を導く
相手の願望や欲求に配慮しない	相手の願望や欲求に関心がある
「私が常に正しい」と考えている	**「チームは自分よりも、もっとよく知っている」と考えている**
部下の意見を聞かず、一方的に「私の言う通りにしなさい」と言う	「どんな考えを持っていますか」と質問し、部下が意見を述べることを奨励し、耳を傾ける
作業レベルの指示に終始する	ビジョン（目的・目標）を与える
どうするかを指示するだけで、わからない人にやらせようとする	モデルを示したり、自らやって見せることで、わからない人がイメージできるよう支援する

グラッサー博士「クオリティスクール」（1990）、「コントロール理論マネジャー」（1994）およびD. K. Crowford, R. J. Bodine & R. G. Hoglund「The School For Quality Learning」（1993）をベースに作成

図㉖

	外的コントロール	内的コントロール
他人への適用	私は他人を直接変えることが出来る	私は他人を直接は変えることが出来ない
	良かれと思って、本人の意向に関らない 強制的なアプローチをとってしまう	他人に影響を与えることはできるが、 影響を与えることまでしかできない
自分への適用	私も他人に直接変えられる	私も他人に直接は変えられることはない
	↓	他人に影響を受けることはあるが、 直接変えられることはない。 最終的には、自分で選択している。
	悪い状況が起きれば他人や環境のせい	どんな行動も全て選んだのは自分
	他責、言い訳、依存、被害者意識 自分の行動は自分で決定できない	自己責任、自律 どんな状況でも自分で選択する権利と 能力がある

一層強化してしまうことだ。そうなると、良くない状況が起きた時には、「それは私のせいではなくて、私をそういう風に変えた他人や環境が悪いんだ。私をうまくフォローしてくれなかった上司や会社に問題があるんだ」という他責な考えを持ってしまう。そして、依存体質を作ってしまうことになる。

上司がコントロールマネージャーで部下が依存型社員の組織だと大変である。

双方とも「会社を良くしたい」「組織を変えたい」とは思っている。

でも、部下は「そのためには上層部や上司が変わってくれないと……。上が変わってくれたら私はやりますよ」と答える。

上司は上司で「ウチの若い奴らはまだ分かってないなぁ。彼らが変わってくれたら、ウチも随分と変わるんだけどねぇ」と語る。

お互いがこうだと、永遠に何も始まらなくなる。

3.コントロールマネジメントと社員の自律は両立しない

どの企業に伺っても、社員の自律性を求める声は大きい。しかし面白いのは、自律性を求めているにも関わらず、その会社や経営者および担当者自身がコントロールマネジメントを行っていることだ。これは相反する状態であるから、両立することはできない。

自律を求めながら、自律を抑えるマネジメントをしているのだ。

しかし、誰もこのように理論化して考えていないから、矛盾に気づかない。

研修においてもこんな矛盾が行われている、ある場面では「他人は変えられない」といいながら、別の場面では、部下を変えるスキルのトレーニングをしている。

エンパワーマネジメントとは

内的コントロールの心理学に則ったマネジメントを**エンパワーマネジメント**という。また、エンパワーマネジメントをするマネージャーをエンパワーマネージャーと呼ぶ。

エンパワーマネージャーは部下はいつでも自分で選択しているということが分かっているから、部下を直接は変えることはできないと考えている。だから、部下が「良い選択」をできるように支援する。その際、部下の願望や欲求に関心がある。何故なら、人は欲求を満たすために行動し、その中でもＷａｎｔｓイメージという願望が明確になれば、自然とそれを実現しようと行動するからである。

これだと上司は何もできないように思うかもしれないが、実態はむしろ逆である。できることが一杯あるにも関わらず、実行していないのだ。

1．エンパワーマネージャーができること、すべきこと

行動の最終決定権を部下本人が持っている以上、上司ができることやすべきことは、部下が「良い選択」ができるように支援することである。「良い選択」ができるためにはど

んな支援が必要なのかを整理してみたい。

①「欲求（インナードライブ）」が満たせる環境作り（関係作り）をする

部下が「欲求（インナードライブ）」を健全に満たせていないと、どうしても不健全な欲求充足の行動を取る。つまり、「良い選択」ができなくなる。

部下が「良い選択」をできるための環境を作るには、まずは上司が部下の「欲求（インナードライブ）」を阻害しないこと。できれば、「欲求（インナードライブ）」を満たす関わりをする。

もし反対に、上司が部下の「欲求（インナードライブ）」を阻害する関わりをしていれば、部下はその上司の言うことに真面目に耳を傾けない。そうなると、部下のために良かれと思ってした行動が素直に受け取ってもらえず、歪んで受け取られてしまう。こうなってしまうと、上司は部下が「良い選択」をできるような支援ができなくなる。

次にメンバー同士がお互いに欲求を満たせるような状況を作る。

そのためには、クオリティタイムの実施などを通じて、環境作りをする必要がある。

②情報を提供する

人間は、全体像が見えていない中で「良い選択」をすることなどできない。なぜなら、情報が不足していると判断を誤るからである。

図㉗　コントロールマネジメントvsエンパワーマネジメント(Ⅱ)

コントロールマネジメント	エンパワーマネジメント
権限により頼む	協力を頼みとする
「私」を強調する	「私たち」やチームを強調する
部下と敵対しがちである	部下と協力している

組織では上の立場であれば経営情報を含めて会社や仕事の全体情報を持っているが、若手や現場社員は、多くの場合、情報を十分に持っているとは言い難い。

例えば、ある業務を任せるとき、目的、目標、行動基準、マイルストーン、進捗状況など業務の全体像をどれだけ伝えているだろうか。全体情報を教えてもらえず、作業レベルの指示しか受けていない部下は、「良い選択」をしようとしても、何が「良い選択」かはわからない。

また、人は知らないことはイメージできないから、「良い仕事」の情報に触れていなければ、「良い仕事」をすることは難しい。何が「良い仕事」であるかという情報を提供をする必要がある。

そして「良い選択」をしていない部下の姿を見た上司は、こいつは「できない奴」だと思い、ますます作業だけの指示をする。その結果、全体像の見えない部下は自分の仕事の意義がわからず、ますますやる気を失う。こうならないためにも、上司は部下に十分な情報を提供しなければならない。

③考える機会を作る（質問する、振り返りの場を作る）

人間には目の前の現象に反射的に反応する傾向がある。

あるいは、人間には癖や習慣がある。なんでその手順で仕事しているのか、本人でさえ自覚していないことは多い。

また、組織にも慣習や前例がある。ただ「前任者がやっていたから」「他の人がそうしているから」という理由だけで続いている仕事のやり方もある。

これでは、「良い選択」は成されない。

「良い選択」をするには、今どうすることが「効果的な行動」かを考えることが必要である。上司ができる支援としては、部下に質問をしたり振り返る機会を作ることである。

人間は質問をされれば考えるが、一方的に指示命令ばかりされると考えることをしなくなる。効果的な行動に導くためにも、指示命令ばかりして「考える機会」を奪ってはならない。

もちろん、考えさせる時間が無いこともある。そんなときは、後からでも「なぜ、あの時にあんな風にさせたと思う？」「あのやり方を実行してみて、何を学んだ？」などと振り返って考えさせるなどの工夫が必要になる。

グループで分かち合ったり、レポートを書かせたりして考える機会を作ることも有効である。

振り返りの機会が必要なのは、終わったことを振り返らずに、すぐに過去のことにしてしまうと考える機会が奪われ、良い選択をする能力が身につかないからである。振り返ることで、少しずつ良い選択をする能力が身についていく。

2．エンパワーマネジメントの効果

エンパワーマネジメントを続けると、部下と組織に大きな変化が起こる。

それは「私は他人や環境に影響を受けても、直接変えられることはない」という部下の内的コントロールの感覚を育成できることだ。そうなると、「どんな行動もすべて選んだのは自分である」という理解に至るので、他人や環境のせいにすることがなく、そこから自己責任が生まれる。

同時に「どんな状況でも自分で選択する権利と能力がある」という理解に至り、自律型人材へと成長する。

上司がエンパワーマネージャーで、部下が自律型社員の組織だと組織変革も容易である。

部下は制度や上司にも問題があることは承知していても、それを糾弾するのではなく、まず自分が直接手を下せることから改革していく。そして社内での影響力を高めながら、提案もしていくのだ。

上司は、部下のパフォーマンスに不満なら、単純に部下にハッパをかけるよりも、まず自分のマネジメントのあり方を改革するのだ。

孤軍奮闘するか、チーム力を活かすか

コントロールマネージャーは「私が常に正しい」と考えているので、部下の意見を聞かずに、「私の言う通りにしろ」と「私」を強調し、作業レベルの指示に終始する。部下がイメージできているかどうかにかかわらず、やらせようとする。

強制的にやらせるために権限により頼む。結果として部下と敵対しがちである。

コントロールマネージャーは孤軍奮闘である。

一方、エンパワーマネージャーは「チームは自分よりも、もっとよく知っている」と考えているので、「どんな考えを持っていますか？」と質問し、部下が意見を述べることを奨励し、耳を傾ける。

仕事を与える時には、ビジョン（目的・目標）を明確にし、部下がイメージできるよう

に、モデルを見せる。

チームを強調し、協力を頼み、部下と協力している。

エンパワーマネージャーはチーム力を活かして取り組む。

対症療法か構造的な解決か

コントロールマネージャーは、部下や他人が問題を起こすと考えている。そして何かミスやエラーが発生すると、目に見えるのはミスやエラーを犯した人の姿である。だから、誰が悪かったか犯人探しをする。

そしてミスの責任をとらせる。その時に強制や罰を利用する。時には報酬を利用する。それは恐れを生み出す。

この話を聞いて、昔、電車事故で話題になった「日勤教育」のことを思い出した人もいるだろう。

部下を直接変えようとするこの取り組みは対症療法に過ぎず、事態はむしろ悪化することもある。

エンパワーマネージャーは、問題の多くは「システム」が作り出していると考えている

図㉘　コントロールマネジメントvsエンパワーマネジメント（Ⅲ）

コントロールマネジメント	エンパワーマネジメント
部下や他人が問題を起こすと考えている	問題の多くは「システム」が作り出していると考えている
誰が悪かったか犯人探しをする	何が悪かったかシステムを探る
ミスの責任を取らせることに終始する	ミスを防ぐ方法を調べる
強制、罰、報酬を利用する	仕事が本来持っている価値を利用する
恐れを生み出す	確信を生み出し、恐れを排除する
部下を変えようとする	「システム」を変え、改善しようとする

（図㉘、図㉙参照）。

そして何かミスやエラーが発生すると、何が悪かったかシステムを探る。それは目の前に見える問題の多くは症状であり、その症状を生み出す構造（システム）が水面下にあることを知っているからである。

そしてミスを防ぐ方法を調べる。その時に、その仕事が本来持っている価値を利用する。罰でコントロールするのではなく、例えば仕事のやりがいで良い結果を導くのだ。

そのことが仕事への確信を生み出し、恐れを排除することになる。

エンパワーマネジメントは部下を直接変えるのではなく、「システム」を変え、改善することで、結果的に部下の仕事ぶりにも影響を与える。

図㉙　エンパワーマネージャーはシステム思考

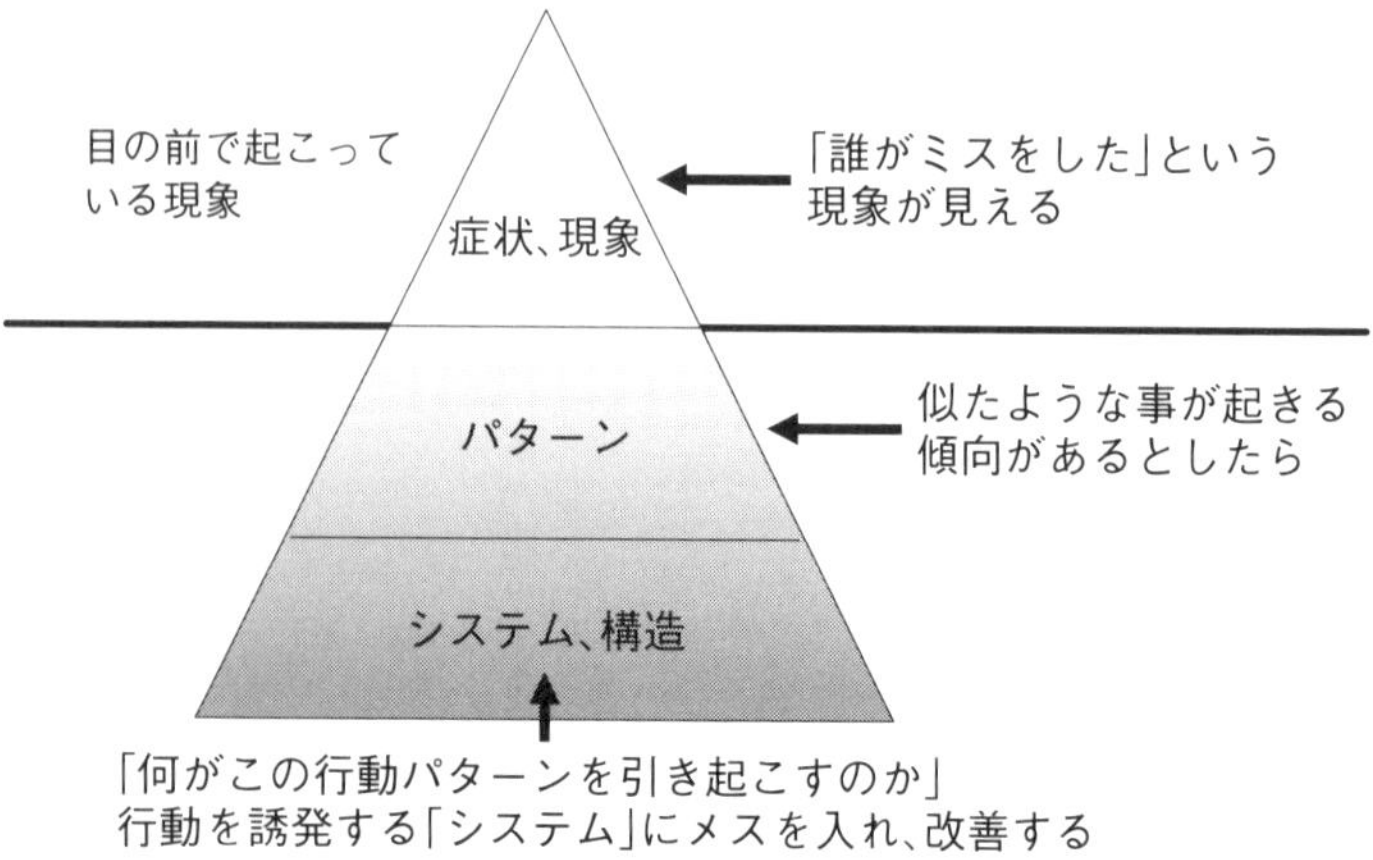

つまり、それはマネージャーの仕事のやり方を変えることである。

第5章
企業事例

私は組織や人材に関する問題を抱えた企業からさまざまな相談を受けるが、中でも多い相談が、モチベーションの向上や自律型社員の育成である。第1章で解説した企業の危機が相談内容に如実に反映されている形だ。

こうした問題は、目の前にある現象を捉え対症療法を施しても解決しない。解決するためには、根底にあるヒューマンスキルのOSをバージョンアップすることが必要になる。

ヒューマンスキルのOSをバージョンアップし、これらの問題を根本から解決するために、私は『レアリゼ組織開発プログラム』という解決法を用いるようにしている。なぜなら、このプログラムには解決に一切のリスクがなく、それでいてかなりの確率で大きな成果を継続して出し続けることができるからだ。

内容は企業の実情により異なるが、OSを古い外的コントロールから新しい内的コントロールにバージョンアップし、マネジメントスタイルをコントロールマネジメントからエンパワーマネジメントに変え、実務課題を解決することに効果がある。

では、『レアリゼ組織開発プログラム』によって解決、改善されていった事例をいくつか紹介したい。

理念浸透で登録スタッフの大量離職を食い止めた人材派遣会社

人材派遣業のＨ社はこの５、６年で急成長を遂げ、５年ほどで社員１００名から１５００名にまで急拡大した。

しかし、そのことで企業理念が忘れ去られ、社風が一変してしまった。

もともとＨ社には、聖書から引用した「人にしてほしいと思うことを、その人にもしてあげなさい」という企業理念と、企業理念をかみ砕いた社員宣言がある。

社員１００名の頃は、皆が企業理念を理解し登録スタッフを大切に扱っていたが、社員の急増で社風が変わり、登録スタッフに対し冷たく非人間的な対応をする社員も出てきた。

その結果、登録スタッフの不満を増大させ、スタッフの離職率が上昇した。

登録スタッフの大量離職は、株式公開を控えていたＨ社にとって経営の根幹を揺るがしかねないものだった。この事態を何とかしたいと、相談を受けた。

登録スタッフの大量離職を止めるために、Ｈ社では福利厚生を充実させるなどの対策は打ってきた。しかし、問題の真因は登録スタッフに対する社員の対応が悪いことにあり、これを解決しないことには問題が無くならないのは明らかだった。

この真因を解決するには、バラバラになっていた1500名の社員のベクトルを合わせ、登録スタッフに対する考え方と行動を変えなければならない。

ところで、H社にはもともと素晴らしい企業理念があるので、企業理念を現場で社員が実践するようになれば、この問題は解決できると判断した。

そこで、企業理念の浸透を通じて、登録スタッフが定着することを目的にした『レアリゼ組織開発プログラム』を展開することになった。

H社で実施した8カ月のプロジェクトの流れは次のようのものだ。

人間の行動の仕組み（内的コントロール）を理解し、その上で効果的なエンパワーマネジメントを学んだ。

↓

360度サーベイにより、自己の現在のマネジメントスタイルを分析、改善計画を立案・実行した。

↓

各職場で起きている実務課題を洗い出し、アクションラーニングのプロセスを活用しながら、エンパワーマネジメントの観点で解決策を立案、実践、検証した。

企業理念の中の社員宣言にスポットを当て、この宣言文が意味するところを議論し、質問と振り返りのセッションで深め、自分の職場に当てはめた定義に言い換えて、それを実行にうつした。

↓

エンパワーマネジメントの実践により、登録スタッフや部下の「欲求（インナードライブ）」を満たし、徐々に理念が浸透しやすい組織の状態を醸成できた。

↓

それまで絵空事だった企業理念が実体を持ち、身近なものとして捉えられるようになった。徐々に企業理念に従って行動するようになっていった。

↓

組織のOSが内的コントロールにバージョンアップされていった。

この８ヶ月の間に、組織に内的コントロールが根付き、その証拠に社員の発言が変わっていった。今までは社内体制の未整備など環境面や上司への愚痴などが多かったが、徐々に「それが事実だとしても、まずは自分たちができることをやらないと始まらないよな」と、まずは自分から変わり、影響力を発揮するという方向にエネルギーを向けるようになった。

その結果、H社にはいくつもの変化が生まれた。とくに目立つ変化は次の3つである。

まず1つ目の変化は、トラブルが減少したことである。社員が企業理念に従って行動するようなった結果、トラブルの発生が収まり、登録スタッフの離職を未然に防げるようになった。ある支店で起こりかかったトラブルが無事に収まったことの理由を社長が聞いたところ、「企業理念に則ってやったんです」と担当者は答えた。

2つ目の変化は、登録スタッフからH社の社長宛に感謝状が届くようになったことである。登録スタッフに非人間的な扱いをする人材派遣会社もある中、H社では登録スタッフの気持ちなどに配慮した対応ができるようになり、そのことが社長への感謝状につながった。これも明らかに企業理念の浸透が進んでいる証拠と言えよう。

そして3つ目の変化は、業績の悪い支店での支店長の部下への接し方が変わったことによる業績向上である。

その支店では、業績を上げることができないスタッフに対し支店長が厳しく叱責し指導するコントロールマネジメントを実施していた。しかし、『レアリゼ組織開発プログラム』を実践することで、支店長は自分の行為を俯瞰（ふかん）して見られるようになり、自分がガミガミ怒鳴りまくることがよくない状況の一因になっていることに気づいた。

この気づきから支店長は怒鳴らない、落ち着いて話を聞く、真因を探るために質問をする、解決策を考える、ということを意識し、エンパワーマネジメントを実践するようになった。そのことで、部下は言い訳を考えるなど支店長のための仕事をしなくなり、一人ひとりが自分の仕事を俯瞰して正しい優先順位で仕事をするようになった。その結果、残業はほとんどなくなったが、売上は逆に35％もアップし、生産性が向上した。

また、支店長のマネジメントスタイルがエンパワーマネジメントになったことで、支店長代理も変わった。それまでの支店長代理は、支店長から見ると出来が悪いダメな部下であった。支店長代理は、コントロールマネジメントをする支店長のことを怖がっていた。しかし、支店長がエンパワーマネジメントに変わったことで、支店長代理の自律が促されたのである。

自律した支店長代理は、支店長抜きで会議を仕切るようになった。会議は支店メンバーを4～5人の小集団に分けて議論させて、支店長代理が意見を集約し、その上で支店長と打ち合わせをする形になった。支店長代理が会議を仕切るようになってからは、毎週水曜日に欠かさず会議が開かれるようになった。

それによって、支店メンバー一人ひとりの意見も反映されるようになり、皆がモチベーションの高い自律型組織へと変貌していった。

旧来からの体質転換を図った銀行

銀行業をサービス業と位置づけたG行では、組織を活性化するために、それまでの中央集権的組織から地域の主体性を重視した組織への転換を図っていた。「自ら気づき、考え、行動する」をグランドスローガンに掲げ、地域ごとに地域CEO（最高経営責任者）を置き、各地域で独自色を打ち出すチャレンジを進めることになった。

しかし、決められたことを、決められた通りに実行するものの、それ以外のことは積極的に行わない銀行の風土では、独自色を打ち出すための新しいチャレンジが生まれてこない。これまでもコーチング研修を実施するなど対策を打ってきたが、上層部が求めていたレベルには達していなかった。

ある地域CEOから「支店ごとに創意工夫したサービスを提供し、業績を上げるにはどうすればいいか？」と相談を受けた。このことをきっかけに、その地域CEOが管轄する地域全体の組織開発をする『レアリゼ組織開発プログラム』を実施することになった。

目的は発想力など現場での力を強化すること。当面のGOALイメージとしてはモチベーションの高い自律型人材を育成することにあった。また、マネージャー自身がモチベーションを高くすることはもちろん、部下のモチベーションも高くするエンパワーマネジメントのスキルを身につけることも目指した。

G行で実施したプロジェクトの流れは次のようのものだ。

部下を自律させるためのマネジメントとは何か、部下のモチベーションを高めるためにはどうすればいいか、といった全体像を学んだ。

↓

360度サーベイにより、自己の現在のマネジメントスタイルを分析、改善計画を立案・実行した。

↓

エンパワーマネジメントを実践するためのスキルの強化に取り組んだ。効果のある報・連・相の仕方やチーム作りのコツなどを学んでもらい、支店に帰って実行し検証した。

↓

各支店で起きている実務課題を洗い出し、エンパワーマネジメントの観点で解決策を立案、支店で実践し検証した。

↓

研修の効果は、まず支店独自の創意工夫となって表れた。季節のものや取引先の商品の展示、子どもたちを集めた勉強会の開催、店頭でのコンサート、といったことが地域内の各支店で行われるようになったのである。

←

また、それまで窓口と渉外（外回り）業務でコミュニケーションが取られず、バラバラで求心力のなかった支店に、コミュニケーションが生まれた。行員同士が互いに挨拶するなどして他部署のことに関心を示すようになったのである。その結果、積極的に情報交換するようになり、支店づくりの議論も部署を越えて自然に行われるようになった。

←

地域としての効果が表れ、支店間の垣根が取り払われ、地域全体のパフォーマンス向上に意識が向かうようになった。それまでは他の支店は「ライバル」という意識が強かったが、相談し合える関係になり、積極的に成功体験などを情報交換するようになった。

←

これらの効果のほかには、マネージャーの意識変化がある。今までは部下に命令し、命令した通りに動かすのがマネジメントだと思っていたマネージャーが、部下が何に関心を持っているのか、今の状態をどう感じているか、といった部下の願望・欲求を知らなければ適切なマネジメントができない、と理解するようになった。

この意識変化を象徴するのが、プチミーティングの自発的な開催である。

↓

プチミーティングとは業務と業務の合間に集まり、５分間程度使い情報を共有する会議のことだ。部下から意見を聞いたりするほか、マネージャーの考えを説明したり理解しているかどうかを確認するために積極的に開催している。５分間ながら部下の些細な疑問や不安、不満が解消される効果があり、支店の一体感を作り出した。

↓

当初、『レアリゼ組織開発プログラム』は地域内の17支店から選ばれたマネージャーを対象に行われたが、以上のような効果があったため、残りのマネージャーやリーダー、支店長クラスも同じ取り組みをすることになった。

↓

そして、支店長、マネージャー、リーダーの三階層が同一のプログラムを受講したのをきっかけに、これら三階層の人たちが集まり、支店作りについて考え実行したことを支店の枠を超えて共有する「三階層ミーティング」を継続的に開催することになった。

継続的な支店改革の仕組みが定着したのだ。

肯定的なマインドを醸成したサービス業

日本全国に店舗を持つＩ社は、店舗展開を加速させたい意向を持っていた。ところが、新規店のオープンに当たっては、オープンする数だけ店長が必要だが、店長候補者がやりたがらないという問題を抱えていた。

店長候補者が店長をやりたがらない理由は２つあった。１つ目の理由は、社員の多くが有資格者で職人気質なことからマネジメント職になる意志が元々希薄である。２つ目の理由は、店長を見ていると気苦労ばかりでいいことは何もないと思っていることである。店長のなり手がいないと新規店をオープンできないＩ社から「店長候補者が『店長になりたい』と思えるように研修をして欲しい」という相談を受けた。

私たちは嫌がる人に言う事を聞かせる洗脳はできない。しかし、何かできることがないかと思いヒアリングをすると、現在の店長たちも「店長職になってよかったとあまり思っていない」ということがわかった。

現在の店長が店長職に対しマイナスの感情しか持っていなければ、どんな施策を打っても店長になりたがる店長候補者はいない。

そこで、現在の店長自身がやりがいを感じる施策を提案した。まず、店長職のよさを発見する『レアリゼ組織開発プログラム』を実施することになった。

元々、現在の店長の多くは望んで店長職に就いたわけではない。そのため、店長就任後も自分たちの仕事を否定的に見ており、自分たちの仕事のプラス面を見ることをしてこなかった。

そこで、I社で実施したプロジェクトの流れは次のようなものだ。

【現在の店長】

まず、現在の店長に物事を肯定的に受け止め、現状から自分に役立つ要素を抽出する思考法を学んでもらう。

↓

肯定的に物事を見るマインドを醸成した後、店長職を改めて振り返ってもらった。

↓

今まで見過ごしていた店長職のプラスの面に気づくようになった。改めて考えてみれば、

↓

やりがいも楽しさもいくつもあったのだ。

その上で、自分たちの店をよくしていく計画を立てて、実践・検証・修正を行った。

↓

さらに、店長が採用担当者となり、店長職の採用説明会という設定でチーム単位のプレゼンテーション大会を実施した。自分の言葉で肯定的な面を語ってもらうことで、店長職のプラス面がより実感できるようになり、仕事に対するモチベーションが格段に向上することになった。

↓

プレゼンテーションの模様はビデオに録り、店長候補者向け研修の教材として使用することになった。また、店長たちに店長職に対する熱い思いを語ってもらい、別途ビデオに収録することで同じく教材として使用することにした。

↓

【店長候補者】

内的コントロールの発想で取り組めば、どんな環境でも、自分で自分の欲求充足ができ、楽しく仕事ができることを学んだ。

↓

「自分で自分のモチベーションを高めるにはどうしたらいいか？」というセルフモチベー

ションを学び、キャリアデザインに取り組んだ。

キャリアデザインをする上での選択肢の1つとして店長職を研究することにし、研究材料として店長職研修でのビデオなど資料を使用した。

ここでのポイントは、結論を押し付けないことだ。結論を出すのはあくまでも、店長候補者自身だ。私たちはあくまで参考情報を提供するという姿勢に徹し、情報を元にして考えてもらうようにした。

↓

店長候補者のほぼ全員が「早く店長になりたい」という意志を示すようになった。

↓

このことでI社は、店舗展開にメドがつくようになった。

今まで、I社の社員は十分な情報を元にして「店長になりたくない」という結論を出していた訳ではない。どんな選択をするにせよ、一人ひとりが幸せに生きるには、限られた情報だけではベストな選択はできない。

会社がするべきことは、社員に十分な情報を提供し、主体的に考え意思決定してもらうことである。

50代社員のモチベーションを高めた大手企業

J社では、50代になったいったん子会社に籍を移すが、そのとき賃金が30%カットされる。人によっては職種も転換させられる。技術者やメンテナンス担当者がいきなり、営業に回されることなどもある。

賃金が下がり職種も転換させられた社員の多くは、被害者意識からモチベーションが格段に下がる。しかも、そんな先輩社員を見て、将来を悲観した若手社員のモチベーションも下がったり、会社を辞めるという悪循環に陥っていた。

J社としても、50代の社員に今から過大な期待をしているわけではないが、最低限の責任はしっかり果たせるようにモチベーションを高めて欲しいと考えていた。

こんな状況で50代社員のやる気を復活させるのは非常に困難だが、J社の依頼を受けて、『レアリゼ組織開発プログラム』を展開することになった。

解決のカギは50代社員も、今モチベーションが下がっているからと言って、「会社にいる間が辛くて空しい時間でもいい」とは思っていないことである。

そこで、J社で実施したプロジェクトの流れは次のようのものだ。

「辛くて心地悪い状態」と「楽しくて心地良い状態」のどちらも、自分の意志と工夫で自由に選択できるということを学んでもらった。

↓

そもそも多くの社員は、長期間に渡り外的コントロールの感覚を身につけてきており、自分にとって悪いことが起きれば他人や環境のせいにしてきた。だから、「どんな状況になっても自分で選択することができる」とは夢にも思っていなかった。

しかし、本当に選択できると腑に落ちた瞬間、思考が変わり、今の環境でも欲求を充足できる方法を自分たちで考え、自律的な行動をするように変身した。

↓

Ｊ社の50代社員は驚くほどモチベーションを向上させた。受講３ヶ月後、Ｊ社が受講者の上長にヒアリングしたところ、全受講者の87％の積極性、チャレンジ性、主体性が向上したというのだ。

↓

また上長からは「研修前は全体的に若干マンネリ化の傾向が見受けられたが、受講後、何事にも積極的に取り組む姿勢、チャレンジ精神が旺盛になった」といった声のほか、

「担当施策など各種販売施策に積極的に取り組み、担当の受注増に貢献している」といった業績の向上に寄与した声が寄せられた。

50代であれば「いまさら」と諦めるのが一般的かもしれない。しかしJ社の社員はモチベーションを高め、劇的に変わった。年齢が高くても、変化することはできるのだ。

コントロールマネジメントからエンパワーマネジメントへの転換を図っている住宅メーカー

住宅メーカーのK社。強い営業力を持つ会社として業界では有名である。

住宅業界の営業は熱心さと行動の量が重要なので、マネジメントとしては、徹底して行動を管理し、とにかく「やりきらせる」ことに焦点を置いた典型的なコントロールマネジメントをしていた。

しかし、市場ではお客様の要求が個別化し高度化している。今までのようにただ熱心な営業だけでは、既に都市部では成果が上がらなくなっていた。

市場の変化に対応するためには、お客様のニーズを的確に吸い上げ、それにふさわしい対応をする新たな営業スタイルの確立が不可欠だった。そのためには、現場の創意工夫を生む自律的な組織を作るマネジメントをしなければならない。営業マンを指導する管理職がマインドを変え、コントロールマネジメントからエンパワーマネジメントに転換することが求められたのである。

市場の変化を肌で感じ危機感を覚えたK社の人事部門からの依頼を受け、コントロールマネジメントからエンパワーマネジメントに転換する『レアリゼ組織開発プログラム』を実施することになった。

『レアリゼ組織開発プログラム』に賭けるK社の決意は固かった。「エンパワーマネジメントをＤＮＡにし、企業文化にしない限り、今後は勝ち残れない」と語る程である。

生き残り続けるためには、環境に合わせて変化していく自律的な組織を作らなくてはならない。

おわりに

多くの企業の人材開発や組織変革のお手伝いをしていて、意外なことがある。それは、何か難しいことができなくて困っているのではなく、当たり前の些細なことができていなくて、そのことが大きな問題に発展していることだ。

たとえば、挨拶などのコミュニケーションもそうである。モチベーションの高い自律型組織を作り上げるには、実はこういった明日からすぐできることの改革が必要である。

そこで最後に明日から取り組んで欲しい4つの考え方と3つの行動を紹介しよう。

4つの考え方

1．勝ち負けではなく「効果」を考える

人間はついつい「自分が正しい」ことを証明したくなる。「俺の意見の方が正しい。お前は間違っている」と言いたくなる。しかし、相手を打ち負かしても相手のやる気を失わせるだけで、何も得るものはない。

マネジメントで大事なことは部下に勝つことではなく、ビジネスとしての成果を出すことにある。「どちらが正しいか?」ではなく、「何が効果があるのか?」を考えることだ。「効果」という視点が抜けると、自分が正しくて相手が間違っているということを証明したくなるのである。

どのように関われば部下の自律を促がせるか、モチベーションを高められるか、よい仕事をして業績を上げさせることができるか。冷静に「効果」のある行動を選択したい。

もし冷静さを失い、感情的になって自分が正しいことを証明する心情に駆られたら、これまで述べてきたことは全く使えないだろう。

つねに「効果」に焦点を当て行動して欲しい。

2. 人の行動にはすべて理由があることを理解する

わざわざ物事を悪くしようと思っている人は誰もいない。誰でもうまくやりたいと思っている。ただ、やり方が不適切なだけである。本人としてはその時に、最善と思える行動を取っているのだ。

こういう理屈を理解しておけば、頭ごなしに人を責めたり叱ったりすることはない。

部下が「良い選択」をする能力が身についていないのなら、「良い選択」ができるように支援をすればよい。

3．待つ

エンパワーマネジメントする上で大切なことは待つことである。それは、物事には固有の一定の必要時間があるからである。

たとえば、畑に種を蒔き水を与えても、1時間後には発芽するものなどない。発芽するまでには、どうしても一定の時間が必要だ。いくら水を多く与えても、それは無理だ。

同じように、物事には固有の一定の必要時間がある。だが、時間のプレッシャーの中で戦っていると、すぐに結果が出ないと「ダメ」という判断を下しがちになる。しかしこれでは、せっかく出かかっている芽をつぶしたり、捨ててしまうことになりかねない。

また、畑に蒔いた種に水をやり発芽するまでの間、土の中では根が伸び確実に変化は起きている。しかし、その変化は土の上からではわからない。でも、見えないからといって変化が起きていないわけではない。

人間が成長するときも、これと同じことが言える。外側からは変化が確認できなくても、内側では変化が起きている。

変化が確認できないから成長していないというわけではない。もし、成長の度合いを知りたいのであれば、本人に話を聞くしかない。

4.「他人は自分とは違う」と理解する

人間は誰しも自分の視点で物事を考える。だから、自分が感じているように他の人も感じているはずだ、と思い込んでしまいがちである。

しかしながら、人間は今までの経験の違いや欲求の強さ、Ｗａｎｔｓイメージの違いなどによって、考え方や感じ方は人それぞれ異なる。そのため、「自分と同じ」という前提に立ってマネジメントしていくと、予想外の結果に出くわす。

「他人は自分とは違う」だからこそ一人ひとりを尊重する必要がある。

お互いの違いを認識して、しっかりコミュニケーションをしていく必要がある。

3つの具体的行動

1.双方向のコミュニケーションをしっかり取る

今までも散々言われてきたことだが、双方向コミュニケーション、つまり会話のキャッチボールが必要である。コミュニケーションを取るときは自分の意見を一方的に言うだけでなく、相手の意見を傾聴すること。まずは相手が感じていること、思っていることを受け止める。

人は会話を交わさないとお互いに疑心暗鬼になってしまう。会話を交わさないうちに、勝手に「あの人はこう考えているに違いない……」と妄想が膨らんだりすることもある。双方向コミュニケーションはお互いの欲求を満たし合う基本行動である。

2．メールやSNSだけに頼らない

第4章で書いたように、メールやSNSは情報を伝達できるが、気持ちを伝えることには向いていない。非言語の部分がうまく伝わらないからである。

反面、メールは語尾や文章から勝手に解釈できてしまうので、妄想を膨らませてしまうこともある。

メール上のちょっとしたやり取りが過熱して関係が悪化することも珍しくない。

やはり、なんとか時間を作って、お互いに顔と顔を見て話をすることが重要である。

3. 朝の出社の際は笑顔を心がける

部下は上司の顔の表情を常に観察している。だから、普通にしていたとしても、機嫌が悪そうだと勝手に決めつけたりすることもある。そこから勝手な妄想が進み、関係悪化の原因になることがある。

怖い顔をしているつもりもなく、機嫌が悪いわけでもない。しかし、見る人にとっては機嫌が悪かったり、怖い顔に見えることがある。しかし、そうなるとコミュニケーションが悪化する。

こんな興味深い話がある。「あなたは部下に朝の挨拶をしていますか」と管理職にアンケートをとると、八割の管理職が「当然、している」と答える。ところが、部下にアンケートをとると、三割もの人が「私の上司は朝の挨拶さえしてくれない」と答えるという。

この違いは何だろうか。顔も見ずに小さな声でボソボソっと「おはよう」と言っているとしたら、部下には伝わらない。

たかが挨拶と思うなかれ。挨拶は欲求充足に大きく影響する要素である。

聞こえるか聞こえないかの小さな声では、部下は上司に相手にされていないと感じ、「愛・所属の欲求」や「力・価値の欲求」を阻害されてしまう。反対に、部下の顔をみて笑顔で、明るく大きな声で「〇〇さん、おはよう！」と声をかけたら、それだけで部下の

「欲求（インナードライブ）」を大いに満たし、モチベーションは高まるのだ。

外的コントロールに染まっている上司は、恐れさせることで部下をコントロールしようとするクセがついているので、表情は自然と険しくなり、声も低くなる傾向が強い。

そうすると、知らず知らずのうちに部下との距離が広がってしまう。

とくに朝一番は、出社したら笑顔で明るい声で「おはよう」と言おう。

些細なことの実行で現場は大きく変わる

私はよく、コンサルティングのプロジェクトの後半で、職場での変化を発表してもらう。

その際、よくこんな発表がある「自分から挨拶したり双方向で部下の話を聞くといったことをするようにしただけで部下が自律的になり、意見を積極的に言うようになった」。

逆に言えば、今までそんな些細なことを、いかにしていなかったか、ということでもある。

また、今まで自分を変えることなく「部下を変えよう」と思ってうまくいかなかった。

しかし、自分のやり方を変えたら部下も大きく変わったので、そのことに驚いた。こんな発表も多く聞かれる。目を見て挨拶をする、双方向で話をする、などといった些細で簡単なことを実行し、自分のやり方を変えただけで部下は応え、変わってくれる。部下の「自律」と「モチベーション」を引き出し、魅力的な組織を創ることも、些細なことの実行で実現する。

「これなら、うちの会社でもできる」。きっと、そう思えたのではないのだろうか?

【参考文献】

「グラッサー博士の選択理論」ウイリアム・グラッサー（アチーブメント出版）
「警告！」ウイリアム・グラッサー（アチーブメント出版）
「クオリティ・スクール」ウイリアム・グラッサー（サイマル出版）
「人生はセルフコントロール」ウイリアム・グラッサー（サイマル出版）
「リアリティ・セラピーの理論と実践」ロバート・ウォボルディング（アチーブメント出版）
「システム・シンキング」バージニア・アンダーソン／ローレン・ジョンソン（日本能率協会マネジメントセンター）
「システム・シンキング　トレーニングブック」ダニエル・キム／バージニア・アンダーソン（日本能率協会マネジメントセンター）
「最強組織の法則」ピーター・M・センゲ（徳間書店）
「隠れた人材価値」チャールズ・オライリー／ジェフリー・フェファー（SE　SHOEISHA）
「アクションラーニング入門」マイケルJ･マーコード（ダイヤモンド社）
「AI『最高の瞬間』を引き出す組織開発」デヴッド・L・クーパーライダー／ダイアナ・ウイットニー（PHP研究所）
「私が会社を変えるんですか？」本間正人／中島崇昴（日本能率協会マネジメントセンター）
「解決志向の実践マネジメント」青木安輝（河出書房新書）

〈導入企業実績例〉

研修、セミナー、コンサルティング導入

電気機器

キヤノン株式会社
三洋電機株式会社
セイコーエプソン株式会社
ソニー株式会社
ソニーセミコンダクタマニュファクチャリング株式会社
日本電気株式会社（ＮＥＣ）
富士通株式会社
富士電機株式会社
三菱電機株式会社

輸送用機器

トヨタ自動車株式会社
三井 E&S 造船株式会社

建　設

鹿島建設株式会社
株式会社熊谷組
住友林業株式会社
積水ハウス株式会社

医薬品・医療機器

アステラス製薬株式会社
EA ファーマ株式会社
エスエス製薬株式会社
グラクソ・スミスクライン株式会社
第一三共株式会社
株式会社ツムラ
日本イーライリリー株式会社
ファイザー株式会社
ヤンセンファーマ株式会社

化学製品

花王株式会社
ＪＳＲ株式会社
日立化成株式会社
富士フイルム株式会社

その他製品

旭硝子株式会社
コクヨ株式会社
サッポロビール株式会社
ＪＸＴＧエネルギー株式会社
ＴＯＴＯ株式会社
凸版印刷株式会社
ＹＫＫ株式会社

金融・保険業

アフラック生命保険株式会社
株式会社クレディセゾン
第一生命保険株式会社
大同生命保険株式会社
東京海上日動火災保険株式会社
日新火災海上保険株式会社
株式会社日本政策投資銀行
野村證券株式会社
富国生命保険相互会社
株式会社りそな銀行

サービス業

株式会社朝日新聞社
株式会社ぐるなび
株式会社すかいらーく
株式会社ディアーズ・ブレイン
株式会社日本旅行
株式会社乃村工藝社
株式会社ベネッセコーポレーション
ランスタッド株式会社

情報通信

伊藤忠テクノソリューションズ株式会社
ＴＩＳ株式会社
西日本電信電話株式会社（ＮＴＴ西日本）
東日本電信電話株式会社（ＮＴＴ東日本）
株式会社日立ソリューションズ
ヤマトシステム開発株式会社

流通・販売

関東三菱自動車販売株式会社
株式会社サークルＫサンクス
ソニーマーケティング株式会社
株式会社富士通パーソナルズ
株式会社マルエツ

電気・ガス

東京ガス株式会社

運輸・倉庫

東京急行電鉄株式会社
東武鉄道株式会社
三菱倉庫株式会社

その他

日本銀行
国立研究開発法人宇宙航空研究開発機構（ＪＡＸＡ）
宮内庁
人事院公務員研修所
農林水産省
金融庁
学校法人聖学院

他多数

【CEOBOOKSとは？】

経営者が使命感をもって伝えたいと考えている情報を自由に表現でき、その情報を必要としている人に確実に届けることができる本。CEOBOOKSでは、現状の出版界の仕組みの中で、経営者や企業が著者として出版する場合の問題点を考慮し、次の3つを実現していきます。

1，読者価値の重視。読者の疑問やニーズを企画に取り入れ、読者に正しい情報が伝わる書籍づくりをしていきます。
2，著者の主張を尊重。出版社の事情に振り回されず著者の主張を表現していきます。
3，企業活動の伝道。著者企業の活動やその商品やサービスが世の中の役に立っている部分を丁寧に伝えていくと同時に、著者と企業のブランドを考えた適切な表現と文章で本を作っていきます。企業活動により解決される社会問題も正しく伝えます。

CEOBOOKSは、読者に新たな知識と気づきと学びを与え、同時にそれは、著者と企業の社会的認知の向上につながり、書籍と出版の世界に新しい風を送ります。

［著者プロフィール］

真田茂人（さなだ しげと）　HP　http://www.realiser.co.jp

早稲田大学卒業後、株式会社リクルート、外資系金融会社、人材サービス会社設立を経て、株式会社レアリゼを設立。個人の意識変革を起点とした組織開発を強みとし、日本を代表する企業、医療機関、学校、行政機関、官公庁など幅広い分野において、多数の講演、研修・コンサルティング導入など実績がある。また、サーバントリーダーシップの普及を通じ、グローバルや地方創生など様々な分野でのリーダーの育成などに力を入れている。

株式会社レアリゼ　代表取締役社長、NPO法人サーバント・リーダーシップ協会　理事長。

【主な著書・オーディオBOOK】

「サーバントリーダーシップ実践講座」（中央経済社）

「自律とモチベーションの教科書」（CEO BOOKS）

「組織づくりの教科書」（起業家大学出版）

「研修講師養成講座」（中央経済社）　他多数

◎対談シリーズCD

「星野リゾートの事業戦略はなぜ社員に支持されるのか」

　（株）星野リゾート代表取締役社長 星野佳路 と対談

「生産性を下げずに社員の残業を減らす方法」

　（株）ワーク・ライフバランス代表取締役 小室淑恵 と対談

「どんな状況でも勝ち続ける組織のつくり方」

　早稲田大学ラグビー蹴球部監督　中竹竜二　他多数

「自律」と「モチベーション」の教科書【改訂版】
魅力的な組織を創るリーダーのための
～大手企業がこぞって導入する新しい人材育成メソッド～

◉著　者　　真田茂人《さなだしげと》
◉発行者　　主藤孝司
◉発行元　　CEOBOOKS
〒135-0063　東京都江東区有明3-7-26
有明フロンティアビルB棟9階
日本著作出版支援機構内　CEOBOOKS
電話：03-4590-9977　FAX：03-4590-9988
◉発売元　　日本著作出版支援機構
◉協　力　　内閣府認証特定非営利活動法人 起業家大学
◉旧版アシスタント　青柳まさみ
◉印刷製本　日本著作出版支援機構 印刷デザイン部
◉販売種別　部分再販（非再販品）
 ISBN978-4-86318-141-0
